최준식 교수의

철학 파스타

최준식 교수의
철학 파스타

1판1쇄 발행 2019년 6월 7일

지은이 최준식
펴낸이 김형근
펴낸곳 서울셀렉션㈜
편 집 문화주
디자인 홍성욱, 윤지은
마케팅 김종현, 황순애

등 록 2003년 1월 28일(제1-3169호)
주 소 서울시 종로구 삼청로 6 출판문화회관 지하 1층 (우110-190)
편집부 전화 02-734-9567 팩스 02-734-9562
영업부 전화 02-734-9565 팩스 02-734-9563
홈페이지 www.seoulselection.com

ISBN 979-11-89809-06-5 03100

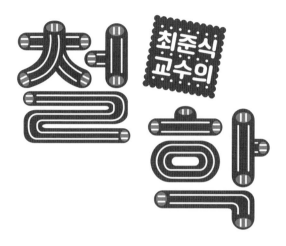

최준식 교수의

철학

삶의 환희를
만나는
4단계 전략

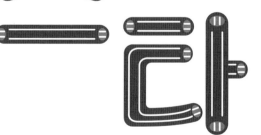

파스다

최준식 지음

차
례

인간으로 태어난 이상 누구나 자기 몫의 고통을 짊어지고 살아간다. 삶은 망망한 고해苦海와 같아서 우리는 누구나 막연한 불안감을 느끼며 그곳을 헤엄쳐가야 한다. 이러한 생의 한가운데서 어떤 의미를 발견할 수 있다면, 그 고통의 무게가 조금 가벼워지지 않을까? 어쩌면 고통을 벗어난 다른 차원의 삶이 가능할지도 모른다. 이 책은 그러한 기대를 품은 사람, 다른 삶을 꿈꾸는 사람들이 참고할 만한 철학적 조언을 담고 있다. 더 나아가 깨달음이란 무엇인지를 고민하는 사람들이 알아야 할 내용을 설명하고 있다.

많은 사람들이 고통에서 벗어난 삶을 기대하며 종교를 찾는다. 그러나 대부분은 종교에서 답을 찾지 못하는데, 현실의 종교들은 철학이 빈곤하기 때문이다. 다시 말해, 종교의 본령이 퇴색되어 있는 것이다. 필자는 종교가 잃어버린 철학을 거울삼아 종교의 본령을 되짚어보고, 인간과 삶의 문제를 살펴보려 한다. 그런 다음 그 문제를 해결하는 방법을 제시할 것이다. 이 책의 전체적인 내용은 2005년에 출간한

졸저《종교를 넘어선 종교》를 바탕으로 하고 있다.

　이번 책에서는 종교의 핵심을 영원철학perennial philosophy이라 불렀는데 이것은 각 세계종교들의 신비주의자들이 주장하는 것이기도 하다. 종교가 달라도 신비주의자들의 주장은 거의 일치한다. 이 책에서 이야기하고 싶은 주제가 바로 이들의 주장이다. 그 핵심은 간단한데, 우리 인간의 의식이 세 단계를 거쳐 진화한다는 것이다. 처음에는 자의식이 없는 전인격적 단계에 있다가 자의식이 나타나면서 인격적 단계로 진화한다. 그런데 이 두 번째 단계에서 인간은 자의식 때문에 끊임없이 고통을 경험하며 허무하게 살아간다.

　인간 의식의 진화가 인격적 단계에서 끝난다면 인간은 가련하기 짝이 없는 존재가 되고 만다. 고통과 허무에서 벗어날 길이 없기 때문이다. 여기서 종교가 등장한다. 종교, 특히 영원철학은 끝없는 고통에서 벗어날 수 있는 길이 있다고 주장하며 그 길을 구체적으로 제시한다. 고통에서 허우적거리는 우리를 구해내는 구조선 역할을 자청하는 것이다. 그 길을 따라가면 우리의 의식은 한 번 더 진화한다. 자의식을 초월하는 초인격적 단계에 도달하는 것이다.

　이 새로운 단계는 보통 불이론不二論의 영역으로 알려져 있다. '불이'라는 것은 문자 그대로 둘이 아니라는 뜻으로, 너와 내가 둘이 아니고 나와 신(혹은 우주)이 둘이 아니라는 것을 의미한다. 그에 비해 우리가 살고 있는 이 세계는 이원론적 영역이다. 이곳에서는 모든 것을 나누기 때문에 하나일 때는 발생하지 않는 온갖 고통이 생겨난다. 고통이 어떻게 생겨나는지는 본문에서 자세하게 다룰 것이다.

이 책에서 시도한 것을 어떤 단어로 표현하면 좋을지 고심하다 우여곡절 끝에 '철학 파스타'라는 제목을 얻게 되었다. 파스타는 면과 소스, 여러 재료를 뒤섞어 만든 음식인데, 이 책에도 그와 비슷하게 여러 요소가 버무려져 있기 때문이다. 다른 한편 인간의 궁극적인 문제, 그 문제가 해결된 상태, 그 상태에 이르는 길에 관한 단계적 설명을 파스타를 만드는 과정에 빗댄다면, 독자들이 그 설명을 좀 더 친근하게 받아들일 수 있지 않을까 하는 생각이 컸다. 모든 요리가 그렇겠지만, 파스타를 만들기 위해서는 날것의 재료를 손질해 익히고, 그것들을 적절히 배합해 최상의 맛을 내는 과정을 거쳐야 한다. 파스타를 요리하듯 영원철학을 탐구하고 실천해본다면, 적어도 파스타 한 접시만큼의 인생의 양식을 얻을 수 있지 않을까?

필자는 이 책의 내용을 가능한 한 쉬운 말로 쓰려 노력했다. 특히 절대 실재에 대해 설명할 때 그런 노력을 많이 기울였다. 절대 실재는 초인격적 단계의 상태며, 삶의 환희를 만나는 지점이다. 그렇기 때문에 이를 정확하게 이해할 수 있도록 더 신경을 썼는데, 부디 필자의 노력이 조금이라도 빛을 보았으면 하는 바람이다. 마지막으로 출간에 힘써준 서울셀렉션 김형근 대표와 편집진에 감사의 인사를 드린다. 원고를 적절하게 가공해 책 한 권을 만들어내는 데는 출판사의 공이 지대하다. 필자와 출판사의 이러한 노력이 헛되지 않기를 바란다.

2019년 봄
지은이 삼가 씀

8

나, 단단한
반죽 덩어리

파스타 한 접시에 삶의 진리를 담을 수는 없을까? 진리가 담긴 곳에서 우리는 삶의 환희를 만나게 될 것이다. 그럼 한번 만들어보자. 진리의 파스타를. 이 파스타 요리의 첫 단계는 '나'라는 반죽이다. 나는 단단하게 뭉친 자의식 덩어리다. 자의식 때문에 나는 인간이며, 나의 생은 고통스럽다.

자의식

인간은 동물과 다른 독특한 인식 구조를 지니고 있다. 단도직입적으로 말해 인식을 가능하게 하는 것은 인간의 자(기)의식self-consciousness 이다. 인간만이 자의식을 지니고 있는데 이 의식 덕분에 인간은 자신이 존재한다는 것을 '알게' 된다. 그와 동시에 인간은 자신이 존재하지 않을 수 있다는 것도 알게 된다. '존재'와 '비존재' 혹은 '있다'와 '없다'가 병존하는 상대적 세계에 들어온 것이다.

이때부터 인간의 의식은 이원론dualism 구조를 갖게 된다. 의식이 이렇게 구조화되면서부터 인간은 모든 것을 구분하고 비교해서 본다. 내가, 좀 더 정확하게 말하면 내 의식이 둘로 나뉘었기 때문에 타자 혹은 외계를 인식하는 일이 가능해진다. 내가 내 의식을 둘로 나누었듯 그것을 바탕으로 나와 나의 바깥에 있는 모든 것을 구별하는 일이 가능해지는 것이다.

나는 과연
누구인가?

나는 곧 나의 자의식이라 할 수 있다. 그렇다면 자의식의 특징은 무엇일까? 이 의식은 자기를 대상화할 수 있는 능력을 갖고 있다. 인간만이 자신의 의식을 '보는 나'와 '보이는 나'로 나눌 수 있다. 조금 어렵게 말하면 '주체적 나subject-I'와 '객체적 나object-I'로 자신을 나눌 수 있다는 것이다. 공연히 어려운 말처럼 들릴 수도 있지만 어렵게 생각할 필요 없다. 예를 들어 우리가 일상적으로 하는 '나는 내가 너무 싫다'와 같은 표현을 보자. 여기서 나는 '싫어하는 나'와 '싫어함을 당하는 나', 이렇게 둘로 나뉜 것을 알 수 있다. 이것은 내가 나를 대상화했기 때문에 가능한 것이다. 내가 주체와 객체로 갈린 것이다.

의식의 대상화 작용은 생각을 탄생시킨다. 생각한다는 것은 내가 내 생각을 대상화하는 일이다. 한편에는 생각하는 주체가, 다른 한편에는 대상화된 내 생각이 있는 것이다. 이렇듯 의식이 '생각하는 나'와 '생각되는 나'로 이원적으로 나뉘어 있기 때문에 우리는 생각을 할 수 있다. 그런데 생각은 언어와 불가분의 관계에 있다. 언어가 없으면 생각을 할 수 없다. 아니 생각 자체가 언어라 할 수 있다. 내가 무슨 생각을 하고 있는지 알려면 그 생각을 개념으로 만들어야 하는데, 개념은 항상 언어로 표현된다. 그러니까 처음부터 언어를 가지고 개념을 떠올려야 생각을 할 수 있는 것이다. 언어라는 도구가 없으면 아무것도 생각할 수 없게 된다. 이처럼 언어는 생각을 '개념화'하는 매개며, 인간만이 언어를 매개로 무엇인가를 개념화할 수 있다.

인간은 개념화라는 능력을 통해 문화라는 독특한 사회 현상을 만들어냈다. 문화는 개념화 작용에서 나온 것이다. 자연에 개념을 덧입혀 새롭게 주조한 것이 문화다. 예를 들어 통나무라는 자연물에 조각가가 자신의 개념을 투영해 작품을 만들어내면 그것은 예술품이라는 문화물이 된다. 그렇기 때문에 문화는 사람과 민족에 따라 다르고, 시대와 지역에 따라 다를 수밖에 없다.

한편, 의식의 대상화 작용과 관련된 극적인 예로 자살을 들 수 있다. 자살 역시 인간만이 할 수 있는 일이다. 자살이란 아주 쉽게 말하면 주체적 자아가 대상화된 자아를 죽이는 것이다. 자아가 둘로 나뉘어 있기 때문에 보는 나가 보이는 나를 없앨 수 있는 것이다. 자신을 객체화할 수 없으면 자신을 죽이는 행동을 할 수 없다. 동물은 스스로를 객체화할 수 없기 때문에 자살을 하지 못한다. 그런데 혹자는 동물도 자살을 한다고 주장하며 해변에 와서 죽은 고래 무리를 예로 든다. 해외 뉴스를 보면 가끔 고래들이 무리를 지어 해변에 와서 죽었다는 소식이 들린다. 사람들은 이 현상을 깊게 생각해보지도 않고 고래들이 머리가 좋아 자살을 했다고 단정한다.

그러나 우리는 이 현상에 의문을 던져야 한다. 먼저 고래는 왜 하필 무리지어 왔을까? 이러한 집단 자살은 사람도 거의 하지 않는 일이다. 자살은 대부분 혼자 하는 매우 개인적인 일이다. 자신의 처지를 비관해 혼자 조용히 죽는 경우가 대부분이다. 이러한 상황을 고래에게 적용해볼 수 있을까? 고래들 중 특정 고래가 인간처럼 자신의 처지를 크게 비관한 나머지 홀로 해변에 와서 자살을 택했다는 소식은 들어본 적이 없다. 설령 그 고래가 자살을 하고 싶다면 혼자 바다 속에서 하면 되지 굳이 해변으로 올 필요가 없지 않은가? 여러 마리가 함께 자살했다는 점은 더욱 말이 안 된다. 고래가 혼자 죽는 것도 있을 수 없는 일인데 어떻게 무리지어 죽을 수 있을까? 이 현상은 다르게 설명될 필요가 있다. 동물학자가 아니라 단정할 수는 없지만, 죽은 무리의 리더 고래가 아마 무엇인가 잘못된 정보를 접하고 해변으로 왔다가 변을 당했을 가능성이 크다. 다른 고래들은 영문도 모르고 리더를 따라왔다가 엉겁결에 죽게 된 것이 아닐까?

생의 대전환_
두 살 무렵의 변화

자의식의 탄생은 한 사람의 인생에서 가장 중요한 사건일 것이다. 이유는 분명하다. 그때 인간이 되기 때문이다. 자의식이 없는 상태는 진정한 인간이라고 하기 어렵다. 자의식이 있어야 비로소 인간일 수 있는 것이다. 그런데 우리는 인간이 태어나면서부터 자의식을 지니고 있다고 오해하기 쉽다. 갓 태어난 아기에게도 일반적 지각 능력이 있다고 여기는 것이다. 그러나 발달심리학자들이 면밀히 연구한 결과 그것은 사실이 아니라는 점이 밝혀졌다. 태어난 후 두 해 정도는 자의식이 없는 채로 산다. 좀 더 정확히 말해 자의식이 아직 발현되지 않은 상태로 살아간다. 그때는 자신이 존재한다는 사실을 모른다.

그렇다면 자의식은 언제 발현될까? 정확한 시기를 가늠할 수는 없지만 대체로 말이 터지는 즈음으로 생각하면 될 것이다. 언어와 자의식은 같이 가는 것이기 때문에 말이 터진다는 사실 자체를 자의식이 생겨났다는 징표로 볼 수 있다. 사람마다 조금씩 다르겠지만 이 현상은 보통 두 살을 전후한 시기에 나타난다. 이것은 엄청난 도약이다. 동물적 상태에서 인간이 되는 것이기 때문이다. 질적으로 완전히 다른 존재가 되는 것이다.

이 시기의 인간은 너무 어려 자신이 경험한 것을 표현할 수 없다. 그러나 내가 여기 있고 엄마가 저기 있고 세상이 바깥에 있다는 사실을 느닷없이 알게 된다. 내가 있다는 것을 지각하는 일은 나와 다른 사람 혹은 사물이 있다는 것을 알게 되는 일이기도 하다. 다시 말해 나와 타인을, 또 나와 외계를 구분할 수 있게 된 것이다. 이전에는 그럴 수 없었다. 자의식이 생기기 전에는 그저 동물처럼 무엇을 느끼는 주체만 있었다. 감각만 있었지 지각하는 능력은 없었던 것이다.

자의식이 막 생길 때 아이는 매우 이상한 체험을 하고 있다고 생각할 것이다. 세상이 느닷없이 나타났으니 말이다. 나중에 면밀하게 살펴보겠지만 이 사건을 두고 기독교의 아담과 이브 신화에서는 "눈이 밝아졌다"라고 표현했다. 이전에는 인지하지 못했던 외부 세계가 갑자기 눈앞에 펼쳐졌으니 그렇게 표현했을 법하다. 그때 우리는 '이게 도대체 무엇인가?' 하는 의구심을 가졌을 것이다. 이 거대한 변화를 표현하려면 자유롭게 언어를 구사해야 하는데 당시는 말문이 터지기 시작한 것에 불과하니 어떻게 표현할 방법이 없었을 것이다. 이 사건을 잘 묘사하려면 언어적 기술이 필요한데 그 시기에 이러한 능력을 가진다는 것은 언감생심이다. 사건 묘사는 성인이 된 다음에나 가능할 텐데, 성인이 되었을 때는 이 사건이 전혀 기억나지 않을 것이다. 겨우 두 살 때의 일을 생생하게 기억할 수 있는 사람이 몇이나 되겠는가?

우리는 대부분 이 엄청난 사건을 모른 채 살아가는데, 다행히 자의식이 발현되기 전 상태에 대한 연구 성과들을 통해 그 무지에서 어느 정도 벗어날 수 있다. 자의식 이전 상태의 인간은 인식하는 능력이 없기 때문에 동물처럼 그저 욕망만 갖고 있다. 프랑스의 저명한 발달심리학자 피아제Jean Piaget는 이 시기의 자아를 아예 '물질적 상태'라 규정했다. 지각하는 능력 없이 생존 욕구만 있기 때문에 이렇게 부른 것 같은데, 그래도 이 상태를 물질에 비유하다니 조금 너무하다는 생각이 든다. 표현을 좀 더 순화시켜 '본능만 작동하는 상태'라 하면 어떨까?

아무래도 피아제보다는 매슬로Abraham H. Maslow의 표현이 더 정확한 것 같다. 그는 이 상태를 단순하게 '생리적 단계'라 불렀다. 그런가 하면 공연히 복잡한 이론을 만들어 우리를 많이 괴롭혔던 신프로이트학파의 에릭슨Erik H. Erikson은 '구강-감각 단계'라는 복잡한 언어로 이 상태를 묘사했다. 프로이트 계승자답게 구강 단계와 같은 용어를 사용했는데 감각이라는 단어를 함께 썼으니 문제는 없겠다. 그러나 이

시기의 특징이 구강에만 한정되는지는 여전히 의문스럽다.[1]

아니라고 말하기
시작할 때

앞서 우리는 자의식이 발현되는 시기를 대체로 말문이 터지는 시기로 보았다. 그러나 이때는 언어를 가지고 고도의 개념화 작업 같은 것은 할 수 없다. 그저 짧은 문장이나 단어 몇 개만 옹알거릴 수 있을 뿐이다. 그렇다면 아기에게 자의식이 생기기 시작했다는 것을 알 수 있게 해주는 그런 순간은 언제일까? 어떤 현상이 나타나야 아기에게 자의식이 생겼다고 볼 수 있을까?

필자는 그러한 현상이 분명 있다고 생각한다. 바로 아기가 '아니no'라고 말하기 시작할 때다. 아기가 '아니'라는 말을 하기 시작하면 그는 이제 자의식을 지닌 것으로 보아야 한다. '아니'라는 말은 부정의 표현인데 그것은 긍정이라는 개념이 있기 때문에 가능한 것이다. 그러니까 만일 아기가 이 단어를 말하기 시작한다면 그는 긍정과 부정이라

---

1 많은 학자들이 이 발달 단계를 연구해 여러 이론을 제시했다. 이와 관련해서는 켄 윌버의 《모든 것의 역사》(조효남 역, 김영사, 2015) 246쪽을 중심으로 참고하기 바란다. 더 견고한 지식을 얻고 싶은 사람은 윌버의 *Sex, Ecology, Spirituality - The Spirit of Evolution*(Shambhala Publications, 1995)을 보라. 그 밖에 메리 메도우 등이 쓴 《종교심리학》(최준식 역, 민족사, 1992) 1권 4장에 이 발달 단계 모형이 잘 정리되어 있다.

는 이원론의 세계에 들어선 것이다. 이원론의 세계는 자의식이 있을 때만 진입할 수 있는 곳이다. 동물은 긍정과 부정을 감각으로만 느끼지 그것을 지각해 '네' 혹은 '아니오'라는 말로 표현하지는 못한다.

아기는 아마 이때부터 엄마의 말을 듣지 않기 시작할 것이다. 부정할 줄 알게 되었기 때문에 엄마를 거역하고 떼를 쓸 수 있는 것이다. 그래서 미국에서는 이때를 일컬어 '가증스러운 두 살terrible two'이라고 한다. 천진난만했던 아기가 갑자기 말을 안 듣고 강짜를 부리기 시작하니 너무 이상해 '가증스럽다'고 하는 것이다. 사춘기 때도 비슷한 현상을 겪는다. 이때도 그 전까지 고분고분하던 아이가 공연히 반항적 태도를 보이고 몽니를 부린다. 하지만 그때를 '가증스럽다'고 하지는 않는다. 아이가 많이 변했다고만 할 뿐이다. 그에 비해 두 살 즈음의 변화는 실로 엄청나다고 할 수 있다. 다시 말하지만, 이때는 한 인간이 사람이 되느냐 마느냐의 갈림길에 있기 때문에 대단히 의미 있는 시기라 하지 않을 수 없다.

그런데 이러한 변화를 겪으려면 당사자가 반드시 인간 사이에 있어야 한다는 점이 흥미롭다. 인간 사회에서 양육되어야 하는 것이다. 이미 자의식을 지니고 있는 사람들과 같이 살면서 그들과 상호 작용을 해야 아기의 자의식이 살아날 수 있다. 이 주장을 뒷받침하는 근거로 이른바 '늑대 아이'라는 아이들의 사례를 들 수 있다. 인도에서 있었던 일이라 하는데 남매가 아기 시절에 늑대에게 납치를 당한 모양이다. 아기 시절이니 이들은 아직 자의식이 없었다. 그 상태로 그들은 십여 년을 늑대들 사이에서 자랐는데 마침내 사람들에게 발견되어 인간 사회로 돌아왔다. 처음 발견됐을 때 그들은 당연히 말을 못했고 늑대처럼 울부짖기만 했다. 사람들은 그들에게 말부터 가르치기 시작했는데, 아무리 가르쳐도 수백 단어 이상은 배우지 못했다고 한다. 그러다 그들은 결국 인간 사회에 적응하지 못하고 일찍 죽었다고 전해진다.

이른바 늑대 아이가 말을 배우지 못한 이유는 자의식이 생기지 않았기 때문일 것이다. 다른 인간처럼 아기 시절에 주위 사람들과 상호작용하며 살았더라면 자의식이 자연스럽게 발동했을 것이고 언어를 배우는 데 아무 문제가 없었을 것이다. 그런데 그들은 그만 때를 놓쳐 자의식이 발현되지 못했고 그 결과 언어를 배우지 못한 것이다. 이러한 사람들은 사회에 적응하지 못할 가능성이 크다. 더 나아가 그것이 죽음으로 이어지니 불행한 일이 아닐 수 없다. 이처럼 자의식의 존재 여부는 인간이냐 아니냐를 가르는 궁극적 기준이라는 사실을 잊어서는 안 된다.

이것은 우리가 외국어를 배울 때와 비슷한 상황이 아닌가 하는 생각이 든다. 확실하게 밝혀지지는 않았지만, 외국어를 원어민처럼 구사하려면 적어도 열 살 전에 그 언어를 배워야 한다는 가설과 연관되지 않을까 한다. 거칠게 표현해 두뇌가 굳은 다음에는 아무리 연습해도 외국어를 원어민처럼 말하는 게 불가능할 수 있다. 개인적 경험을 예로 들면, 필자는 미국에서 공부했지만 영어는 포기한 지 오래다(미국에 가서 일 년 만에 영어는 완전히 포기했다!). 그 가운데 특히 안 되는 것을 꼽으라면 영어의 'r' 발음이다. 여러 방법으로 노력해보았지만 노력한다고 되는 일이 아니었다. 이것은 내가 어릴 때 그 발음에 노출되지 않았기 때문일 것이다. 이처럼 언어 구사 능력이든 자의식이든 그것이 제대로 발현되기 위해서는 적절한 때와 상황이 갖추어져야 한다.

시간을 낳고
본능을 통제하는 자의식

인간은 자의식 덕분에 고유한 능력을 지니게 된다. 가장 대표적인 능력은 시간이라는 개념일 것이다. 인간만이 시간 개념을 가지고 있다. 시간은 철저하게 자의식에서 비롯된 개념이기 때문이다. 인간은 어떻게 시간을 인지할 수 있을까? 시간 인지는 이전의 자신과 지금의 자신을 구분할 수 있을 때 비로소 가능하다. 다시 말해 자기를 대상화하는 능력이 있을 때 가능하다. 인간이 지닌 기억이라는 능력 또한 시간을 인지할 수 있게 한다. 이전의 나를 기억할 수 있기 때문에 현재의 시점에서 시간이 흐른 것을 인지하는 것이다. 인간의 자의식과 무관한 시간은 존재하지 않는다. 이러한 관점에서 볼 때 동물이나 물질의 세계에는 시간이라는 개념이 있을 수 없다.

시간은 '전'과 '후'라는 개념을 구별할 수 있을 때 생겨난다. 전과 후의 구별은 정확히 이원론의 세계에서만 가능하다. 아직 이원론의 전 단계에 살고 있는 동물에게는 시간이라는 '개념'이 있을 수 없다. 시간은 인간이 사고 작용으로 추출한 개념이다. 개념화할 수 있는 능력이 없으면 시간 개념은 생겨날 수 없다. 동물에게는 그러한 능력이 없으니 시간 개념이 없다고 하는 것이다.

그런데 물리학자들은 시간이 독존할 수 있다고 주장한다. 인간의 자의식과 관계없이 시간이 존재한다고 하면서, 빅뱅이 있은 다음에 시간이 생겨났다든가 그 전에는 시간이 없었다는 식으로 시간을 설명한다. 그러나 그들이 말하는 시간은 시간이 아니라 단지 변화에 불과하다. 변화는 개념이 아니다. 그저 다르다고 하는 것뿐이다. 물론 다르다는 구분도 인간의 자의식이 있어야 가능하겠지만, 다르다는 인식 자체는 아직 시간이라는 추상적 개념에 이른 것이 아니니 굳이 개념이라 부를 필요는 없을 것이다.

인간도 어떤 사고나 일 때문에 자의식이 일시적으로 사라졌을 때는 시간을 전혀 인지하지 못한다. 일정 기간 동안 사고로 의식을 잃은 사람은 그 사이 시간이 흐른 것을 전혀 알지 못한다. 기억이 없기 때문이다. 자의식이 없으면 시간도 없는 것이다. 그런데도 사람들은 여전히 시간을 자의식과 분리된 하나의 실체로 인정하는 우를 범하고 있다.

시간 외에도, 자의식 덕분에 가능한 인간의 능력으로 '자신을 조작하는manipulate 능력'을 들 수 있다. 인간은 자신을 대상화할 수 있기 때문에 생각을 통해 자신의 생각은 물론 몸의 상태도 조작할 수 있다. 몸은 생각의 지배를 받으니 생각만 조작하면 몸의 상태도 얼마든지 바꿀 수 있다. 예를 들어 플라세보 효과를 살펴보자. 이 효과는 쉽게 말해 가짜 약을 통해 환자의 병이 낫는 현상을 말한다. 폐결핵에 걸린 사람에게 빵가루로 만든 가짜 약을 주면서 아주 강한 항생제라고 속이면 환자가 그것을 복용하고 병이 낫는 식이다. 이러한 일이 어떻게 가능할까? 이것은 자신을 대상화시켜 대상화된 자신을 생각으로 조작할 수 있는 능력 덕분이다. 다시 말해 인간에게 자의식이 있기 때문에 가능한 것이다. 자의식이 없는 동물이라면 가짜 약으로 몸의 상태를 바꾸는 일은 있을 수 없다.

스스로를 조작하는 인간의 능력은 자신을 거역할 수 있는 데서도 발견된다. 인간은 본능을 넘어서거나 거역하는 일이 가능하다는 것이다. 그러나 동물은 절대로 본능을 거역할 수 없다. 동물은 자신들의 유전인자에 입력된 대로 먹고 번식할 뿐이다. 교미도 인간처럼 시도 때도 없이 하는 것이 아니라 발정이 날 때만 가능하다. 그에 비해 인간은 생각으로 성적 욕구를 느끼고, 그 욕구를 충족하는 행동에 나설 수 있다. 이것은 시도 때도 없이 음식을 먹는 비만 환자의 습관에도 적용된다. 이 환자들은 음식을 너무 많이 먹어 위장은 물론 식도까지 음식이 차 있는 상황에도 배고프다는 생각을 한다. 그러면 위장이 움직여 음식이 더 들어갈 수 있는 공간이 만들어진다고 한다. 그래서 더 먹을 수 있는 것이다. 이렇게 인간이 스스로를 조작할 수 있는 까닭은, 다시 한 번 강조하지만 자의식으로 자신을 대상화할 수 있기 때문이다.

아담과 이브

필자는 인간이 언제 어떻게 자의식을 지니게 되는지를 설명할 때 항상 유대·기독교의 아담과 이브 신화를 인용한다. 세계의 모든 신화를 조사한 것은 아니지만, 아담과 이브가 '타락'해 에덴동산에서 쫓겨나는 이야기를 담은 신화는 인간이 자의식을 지니게 되는 상황을 다른 어떤 신화보다 탁월하게 묘사하고 있다고 생각한다. 신화는 보통 논리적으로 설명할 수 없는 것을 묘사하기 위해 이용된다. 그 대표적 예가 창조 신화인데, 이 신화는 세상이 어떻게 생겨났는지 묘사하는 이야기다. 고대인은 세상이 원래는 없었다고 믿었다. 원래 없었던 것이 생겨나 눈앞에 있게 된 과정을 논리로는 설명할 수 없다. 아무것도 없는 데서는 어떤 것도 나올 수 없기 때문이다. 그런데 세상은 존재하기에 이를 설명하기 위해 사람들은 신화라는 방법을 택한 것이다.

인간의 자의식도 세상과 비슷하다. 자의식은 원래 없었다. 그런데 갑자기 튀어 나왔다. 없었던 것이 생겨났으니 고대인은 이것을 어떻게든 설명하려 했고, 신화라는 가장 유용한 도구를 사용했던 것이다. 고대 유대인들은 자의식의 발현을 설명하기 위해 아담과 이브 신화를 만들어냈다. 그리고 이 신화는 그 역할을 충실하게 수행했다.

아담과 이브 신화는 매우 다양한 내용을 지니고 있기 때문에 수많은 해석이 내려질 수 있다. 그 해석 가운데 어떤 것도 유일한 해석이 될 수는 없다. 그런데 주의할 점이 있다. 신화를 해석할 때 그 내용을 문자 그대로 받아들여서는 안 된다. 예를 들어, 아담과 이브 신화를 해석하면서 에덴동산이 실제로 존재했고 아담과 이브도 실제 인물이었으며 또 거기에 뱀도 같이 있었다는 식으로 풀이하면 안 된다는 것이다. 신화에는 항상 고도의 상징성이 함유되어 있기 때문에 그 이야기의 의미를 해석해야지 내용을 곧이곧대로 받아들여서는 곤란하다. 해석자는 나름의 관점으로 그 상징에 대한 해석을 풀어나갈 수 있다. 그 해석이 내적 일관성만 있으면 문제될 것이 없다. 그렇지만 해석자 자신만의 이해에서 더 나아가 그 상징을 더 포괄적이고 심층적으로 들여다본다면 신화를 더 풍부하게 이해할 수 있을 것이다.

에덴에서의 순진무구한 나날_
자의식 없는 삶

아담과 이브 신화를 보면, 전체 구조는 복잡하지 않지만 여러 내용이 섞

여 있다. 그래서 주요한 내용과 그렇지 않은 것을 잘 구분해서 볼 필요가 있다. 물론 어떤 내용을 주요한 것으로 볼지는 사람마다 견해가 다를 수 있다. 가령 페미니즘 시각으로 이 신화를 접근하는 사람은 필자가 본 부분과는 전혀 다른 부분을 주요한 요소로 생각할 수 있을 것이다.

필자는 이 신화가 인간이 자의식을 지니게 되는 상황을 가장 잘 묘사하고 있다고 여기기 때문에 그 관점에서 접근할 것이다. 이 상황을 묘사하고 있는 요소는 중요하지 않은 것처럼 신화 속 곳곳에 숨어 있다. 정신을 바짝 차리지 않으면 그냥 지나칠 수도 있으니 조심해야 한다. 아담과 이브 신화와 같은 최고의 신화에는 생각하지도 못한 고도의 상징이 곳곳에 있기 때문에 그것을 잘 읽어내는 일이 무엇보다 중요하다.

이 신화를 보면 처음부터 에덴동산에 아담과 이브가 같이 산 것은 아니다. 처음에는 아담만 있었고 나중에 이브가 창조되었는데, 사건은 그 다음 일어난다. 여기서 주목할 부분은 신이 이브를 만들기 직전 아담에게 선악과에 대해 주의를 준 대목이다. 신은 에덴동산 안에 있는 나무 열매는 무엇이든 따먹을 수 있지만 이 선악과는 절대 따먹지 말라고 아담에게 단단히 주의를 주었다. 만일 따먹는다면 그날 바로 죽게 될 것이라며 대단히 강력하게 경고했던 것이다. 여기서 의문이 생긴다. 신은 왜 아담에게 따먹는 순간이 아니라 그날 당일에 죽는다고 했을까? 독을 먹으면 바로 죽지 먹은 그날 천천히 죽지는 않는 법이다. 이렇게 보면 언제 죽는가에 대해서는 신도 그다지 관심이 없었던 것 같다. 죽는다고 위협하는 것이 중요하지 죽음의 시기는 큰 문제가 아니었던 것이다.

그런데 더 이상한 점은 이 말이 지켜지지 않았다는 것이다. 어떻게 신의 말이 실현되지 않을 수 있을까? 선악과를 따먹은 아담과 이브는 멀쩡하게 살아 있었다. 물론 에덴동산에서 쫓겨나기는 하지만 말이다. 신화 속 단어나 문장을 있는 그대로 받아들여서는 안 된다고 한 이유가 여기 있다. 신화를 볼 때는 그 이야기의 기자記者가 의도하는 것을 읽어내야 한다.

필자의 생각에 아담과 이브 신화의 기자는 이 이야기를 통해 인간이 선악과를 먹음으로써 자신이 죽는다는 사실을 '알게 된다'는 점을 표현하려 한 듯하다. 이 열매를 따먹는 순간 바로 죽는다는 것이 아니라, 인간이 자의식을 지님으로써 자신의 죽음을 인지하게 된다는 사실을 알려주고 싶었던 것이다. 그래서 앞에서는 신의 말을 빌려 '그날 죽는다'라고 해놓고 뒤에서는 아담이 그냥 살아 있는 것으로 묘사하고 있는 것이다. 기자는 열매를 따먹은 아담과 이브가 그날 죽든 나중에 죽든 관심이 없었다. 그의 관심은 언제 죽는지가 아니라 죽는다는 것을 '알았다'는 사실에 있다.

다시 이야기로 돌아오자. 아담과 이브는 에덴동산이라는 이른바 낙원으로 간주되는 곳에서 벌거벗은 채로 살고 있었다. 그런데 그들은 자신들이 벌거벗은 것을 모르고 있었다고 해야 한다. 중요한 것은 벌거벗은 상태가 아니라 그들이 그 사실을 모르고 있었다는 점이다. 그렇기 때문에 두 사람은 부끄러움을 모른 채 살고 있었다. 여기서 해석에 주의해야 하는데, 아담과 이브가 벌거벗은 채로 살고 있었다는 말을 통해 신화의 기자는 그들이 상대방의 존재를 모르는 상태에 있었다는 점을 말하고 싶었을 것이다. 자기가 존재하는 것을 모르니 남이 있다는 것도 알 수 없다. 이것은 자의식이 아직 발현되지 않은 아기의 상태와 같다. 주체적 자기와 객체적 자기의 구분이 일어나지 않아 아직 이원론의 세계로 들어가지 않은 상태 말이다.

이 상태를 멋있는 언어로 표현한 신학자가 있다. 20세기 최고의 기독교 신학자라 할 수 있는 폴 틸리히Paul Tillich는 이 상태를 일컬어 '꿈꾸는 순진무구함dreaming innocence'이라 표현했다. 자기도 없고 나도 없으니 꿈꾸는 것과 같다는 의미다. 아무것도 없으니 아무것도 모를 것이다. 순진무구함은 바로 그 상태를 의미한다. 경지에 오른 도인들의 모습 혹은 순진과 비순진, 무구無垢와 유구라는 대칭되는 개념이 가능한 이원론 세계에서의 순진과 무구가 아니라 이원론이 생기기 전 상태를 말하는 것이다.

They knew that they were_
자의식의 탄생

그 다음으로 중요한 사건은 선악과를 먹은 것이다. 〈창세기〉 3장 7절은 아담과 이브가 선악과를 먹은 직후의 상태를 다음과 같이 묘사하고 있다. "그러자 두 사람은 눈이 밝아져 자기들이 알몸인 것을 알고 무화과나무 잎을 엮어 앞을 가렸다." 이 문장은 우리에게 생각할 거리를 많이 준다.

먼저 그들은 눈이 밝아졌다고 했다. 이 한마디에 대해서도 많은 해석이 있을 수 있는데, 필자의 관점에서 보면 이것은 외계가 존재한다는 사실을 알게 되었다는 의미다. 선악과를 먹기 전에는 그들 모두 자신이 존재한다는 것을 알지 못했다. 따라서 외계가 있다는 것도 알지 못했다. 그러다 자의식이 생기자 외계가 보이기 시작했다. 보이지 않던 외계가 보이는 순간을 신화의 기자는 밝아졌다고 표현한 것이다.

더 결정적인 것은 그 다음 문장이다. 이 문장은 이 장에서, 아니 《구약성서》 전체에서 가장 중요할지도 모른다. 바로 이 시점에 인간이 탄생하기 때문이다. "자기들이 알몸인 것을 알고"라는 문구를 보자. 여기서 결정적인 말은 '알고'라는 단어다. 드디어 지각 혹은 인지 작용이 시작된 것이다. 그들은 난생처음 자신을 대상화할 수 있게 되었고, 그에 따라 자신의 몸도 대상으로 볼 수 있었다. 그런데 사실 정확히 말하면 그들의 단계에서는 자신이 '알몸'이라는 것을 알 수 없다. 아직 나체나 옷과 같은 개념들이 형성되지 않았기 때문이다. 자의식이 생기는 두 살 무렵의 사람은 자신이 알몸인지 아닌지 판단할 수 없을 것이다. 이러한 판단이 가능하려면 먼저 자신의 생각을 개념화할 수 있어야 한다.

자의식의 발현이라는 관점에서 이 문장을 정확히 이해하려면 한글 번역보다는 영어 번역이 더 좋다. 이 문장은 영어로 "They knew that they were naked."인데 "naked"를 생략하고 다시 쓰면 "They knew that they were."이 된다. 그 뜻은 '그들은 자신들이 존재한다는 것을 알았다'이다. 자의식이 생긴 순간을 이렇게 극적으로 표현한 것이다. 그들은 드디어 인간이 되었다. 자신을 객관적으로 볼 수 있게 되니 자신의 존재도 알고 상대방도 볼 수 있다. 이렇게 나라는 개념ego concept이 생겨난 것이다. 물론 이때는 극히 초기 단계라 높은 수준에서 나라는 개념이 형성된 것은 아니다. 다시 말해 추상화 단계에 들어간 것도 아니고 자신을 조작할 수 있는 단계에 간 것도 아니다. 이러한 단계는 어림잡아 초등학교 고학년 정도는 되어야 가능하다. 어찌 되었든 인간의 모든 발달 과정은 지금 여기서 눈이 밝아져 알게 되듯 자의식이 생겨났기 때문에 시작될 수 있다. 그런 의미에서 이 순간이 지닌 중요성은 아무리 강조해도 지나치지 않다.

사실 그 다음 문장인 "무화과나무 잎을 엮어 앞을 가렸다"라는 표현도 굳이 말하면 문제가 있다. 앞을 가렸다는 말은 그들이 부끄러움, 즉 수치심을 느꼈다는 것을 의미한다. 그런데 수치심과 같은 개념은 사회화 과정이 많이 진행된 서너 살이 되어서야 느낄 수 있는 감정이다. 수치심은 먼저 윤리나 도덕심을 알아야 표현할 수 있는 개념이기 때문이다.

자의식이 막 생겨날 때의 상태를 추측해보면 아기는 무엇인가 엄청난 일이 생겨났음을 직감적으로 느끼기는 할 터인데, 아직 언어가 학습되지 않아 그 느낌을 확실하게 개념화하지 못할 것이다. 그렇기 때문에 자신의 감정을 '아니' 혹은 '싫어'와 같은 아주 간단한 단어로만 표현할 것이다. 따라서 이 신화에서처럼 자의식이 생겼다고 해서 곧바로 부끄러움을 알 수는 없는 노릇이다. 아담과 이브 신화는 이러한 오류를 내포하고 있지만 앞서 말한 대로 신화를 문자 그대로 해석하는 태도는 경계해야 한다. 오류와 관련해서는 상징적 의미만 받아들이고 더 이상 언급하지 않는 것이 좋겠다.

아담과 이브는
과연 타락했을까?

기독교에서 이 신화를 해석하는 내용을 보면, 여기까지는 문제가 없는데 그 다음부터 필자의 해석과 영 다른 길로 가고 만다. 잘 알려진 대로 기독교는 이 사건을 두고 그 유명한 '원죄론'을 내세우며 과격한 해석을 내리고 있다. 교리 내용은 아주 간단하다. 아담과 이브는 선악과를 따먹지 말라는 신의 말을 어겨 죄, 그것도 가장 크고 근본적인 죄인 원죄를 저지르게 된다. 원죄 때문에 그들은 아무 고통도 느끼지 않고 살 수 있었던 낙원에서 쫓겨나 온갖 고통으로 가득 찬 인간 세계로 진입하게 되었다. 그래서 타락이라고 하는 것이다.

그렇다면 인간은 어떻게 해야 이 죄에서 벗어날 수 있을까? 기독교 교리에 따르면 인간 스스로의 힘만으로는 결코 이 문제를 풀 수 없다. 인간은 원죄 덩어리라 스스로 문제를 풀지 못하는 것이다. 여기서 구세주가 등장한다. 물론 예수가 그 주인공이다. 예수는 신의 아들이자 그 자신이 신이기 때문에 인간의 원죄를 없애줄 수 있다. 기독교는 예수가 대속자代贖者로서 인간의 죄를 대신 짊어졌기 때문에 인간이 그 죄에서 벗어날 수 있다고 주장한다. 이를 위해 인간은 예수가 유일한 구세주임을 고백하고 교회에 나가 사제의 지도를 따라야 한다. 그 러한 행위를 통해 죽은 뒤 영원한 천국에 갈 수 있고 그곳에서 영생을 하게 되는 것이다. 다른 해석도 얼마든지 가능하나 기독교인 대부분 은 원죄론에 입각해 아담과 이브 신화를 바라보고, 이로부터 자신들 이 믿는 구원론을 도출해낸다.

이렇게 보면 원죄론이 기독교 교리에서 매우 중요한 위치를 차지하 고 있다는 사실을 알 수 있다. 모든 교리가 원죄론에 뿌리를 두고 있기 때문이다. 그러나 에덴동산 사건을 죄의 발생으로 보는 해석에는 큰 문제가 있다. 앞서 필자가 제시한 해석을 따른다면 아담과 이브의 죄 는 성립될 수 없기 때문이다. 왜 그럴까? 죄를 저지른다는 행위는 말 할 것도 없이 자의식이 있어야 가능한 일이다. 자신이 없는데 누가 죄 를 저지른단 말인가? 먼저 자신이 존재해야 그 자신이 자유의지를 사 용해 죄를 저지를 수 있지 않겠는가?

우리는 자의식이나 자유의지가 없는 동물에게 죄를 저질렀다고 하 지 않는다. 그렇지 않은가? 어떤 반려견이 다른 사람을 물어 다치게 했다고 해서 그 개에게 죄를 물을 수는 없을 것이다. 인간의 경우도 마 찬가지다. 엄마 품에 안겨 있는 아기는 아직 자의식이 없다고 했다. 그 런 아기를 놓고 무슨 자유의지가 있고 무슨 죄를 저질렀다고 할 수 있 겠는가? 이때의 아기는 어떤 개념도 형성되지 않은, 아무것도 없는 혼 돈의 상태에 있을 뿐이다.

아담과 이브에게도 똑같이 말할 수 있다. 선악과를 먹기 전까지 그 들에게는 자의식이 없었다. 사실 말이 나와서 말이지만 이때 그들은 신이라는 존재를 알 수 없었다. 자의식이 없어 외계를 인지할 수 없기 때문이다. 외계는 존재했지만 그것을 인지할 수는 없었다. 〈창세기〉에서는 신이 아담에게 말을 하는 것으로 나오지만 이 상태는 아직 언어 능력이 형성되기 전이라 아담은 신의 말을 알아들을 수 없었을 것이다.[2] 신이라는 존재도 인지하지 못하는 상태인데 어떻게 신의 언어를 알아들을 수 있을까? 신은 아담에게 선악과를 절대 따먹지 말라고 주의를 주었지만 아담은 그 경고를 결코 이해할 수 없었을 것이다.

이러한 관점에서 보면 아담이 선악과를 따먹은 행위를 죄를 저지른 것으로 보는 해석은 타당하지 않다. 타락으로 보는 것은 온당치 않다는 것이다. 아니 정반대다. 그것은 타락이 아니라 '도약'이라 할 수 있다. 동물의 상태에서 인간으로 진입했기 때문이다. 진화한 것이다. 윌버Ken Wilber는 인간의 이러한 사정을 잘 파악해 이를 주제로 책을 썼다. 물론 다른 저자들도 비슷한 주제로 책을 썼지만, 윌버만큼 에덴동산 사건을 정확히 파악한 저자도 없다. 그는 이 사건을 타락fall으로 여기지 않고 도약up이라 평가하며 저서에 *Up from Eden*이라는 제목을 붙였다. 국내에서는 《에덴을 넘어》라는 번역본으로 출간되었는데 제목이 조금 불충분하지 않았나 싶다. 그저 에덴을 넘는 것이 아니라 한 단계를 도약하는 것이기 때문에 원제목의 "up"을 살려 번역했으면 더

2 그런데 재미있게도 이 신화를 보면 아담이 선악과를 먹기 전까지는 신과 대화한 적이 없는 것으로 나온다. 신이 일방적으로 아담에게 말을 했을 뿐 아담이 신에게 말을 한 적은 없다. 그러나 선악과를 먹은 다음부터는 아담이 신과 대화를 시작한다. 아마 이 신화의 기자도 선악과를 먹기 전에는 아담이 (자의식이 없어) 신과 대화를 나눌 수 없다는 점을 알고 있었던 것 아닌가 하는 생각이 든다.

좋았을 것이라는 생각이 든다.

그런데 이 상태를 타락이라고 표현한 것이 반드시 틀린 것은 아니다. 왜냐하면 그때부터 인간은 하염없는 고통의 세계로 빠져 들기 때문이다. 한마디로 말해 지옥으로 진입한 것이다. 인간의 모든 고뇌는 이때부터 시작하기 때문에 그러한 의미에서 보면 타락(혹은 지옥으로의 진입)이 틀린 표현은 아니다.

그러나 우리는 고통의 세계를 벗어날 수 있다. 그 방법을 단도직입적으로 말해보겠다. 자의식의 단계, 즉 문제 많은 자아를 초월하면 이 지옥에서 해방될 수 있다. 그렇다면 어떻게 해야 이 문제 많은 자아를 초월할 수 있을까? 필자는 바로 이 지점에서 종교가 등장한다고 생각한다. 수많은 고등종교의 다양한 가르침은 결국 자아 초월의 방법을 향하고 있기 때문이다. 이 책의 후반부에서 그 방법들을 살펴볼 텐데, 그 전에 자의식의 단계에서 고통을 어떻게 느끼는지 구체적으로 볼 필요가 있다. 이를 면밀하게 살펴보면 인간의 모든 고뇌가 자의식을 지닌 데서 비롯되었다는 점을 확실하게 알 수 있을 것이다.

추방당한 자의
죽음, 소외, 고독

아담과 이브 신화는 인간의 고통이 시작되는 양상을 매우 '원시적으로' 적고 있다. 가령 남자는 땅에서 노동을 해야 먹고 살 수 있고 여자는 애를 낳을 때 큰 고통을 겪어야 한다는 것인데, 이것을 문자 그대로 해석하면 아주 곤란하다. 추측하건대 이 이야기를 쓴 기자는 무의식적으로는 인간의 궁극적 문제를 알고 있었지만 표현할 방법을 알지 못해 이렇게 일차원적으로 쓸 수밖에 없었을 것이다. 자의식을 지닌 뒤부터 인간이 고통의 나락으로 빠진다는 사실을 알기는 알았는데 당시 사람들이 공감할 수 있는 표현을 쓰다 보니 노동의 힘듦이나 출산의 고통을 예로 든 것 같다.

자의식이 생기면서 인간이 겪을 수밖에 없는 가장 큰 고통은 무엇일까? 그것은 자신이 죽는다는 사실을 알게 되는 일이다. 자의식이 생기는 순간 내가 존재한다는 것을 알게 되는데 그와 동시에 존재의 반대 개념인 비존재 개념도 알게 된다. 내가 존재한다는 것을 알게 되면 내가 존재하지 않을 수 있다는 것도 알게 되는 것이다. 다시 말해 죽음을 느끼는 것이다. 그때부터 인간은 근원적으로 자신의 부재, 즉 죽음에 대해 엄청난 공포를 갖게 된다. 그런데 이 공포는 워낙 큰 것이라 외적으로 표현하기가 쉽지 않다. 아니 파악조차 잘 되지 않으니 인지하기 어려운데, 그렇다 해도 직감적으로는 죽음을 느끼기 때문에 엄청난 공포를 갖게 된다. 인간으로서 이 공포를 감당하기란 힘든 일이라 대부분은 이것을 의식의 깊은 곳에 눌러놓고 감추어버린다. 외면하는 것이다. 그리고는 자신은 죽지 않을 것처럼 태연하게 행동한다. 우리가 통상적으로 지니고 있는 어리석은 견해 중 하나는 '다른 사람은 다 죽어도 나는 죽지 않는다'라는 생각이다. 이성적으로 생각해보면 이 견해가 틀린 것을 금세 알 수 있지만 그럼에도 불구하고 감정적으로는 끝까지 자신이 죽는다는 사실을 인정하지 않으려 한다.

이렇게 의식적으로 자신이 죽을 것이라는 사실을 아무리 감추어도 무의식적으로는 죽음이라는 근본적 허무를 항상 느낄 수밖에 없다. 죽음은 가장 큰 고통으로 의식의 저변에 도사리고 있는 것이다. 그래서 인간은 이 죽음을 극복하고 영생하기 위해 온갖 시도를 한다. 이러한 시도 가운데 가장 대표적인 것이 종교에 투신하는 것이다. 종교는 영생(불멸)을 약속하니 앞뒤 돌아보지 않고 그 교리를 덥석 물어버린다. 게다가 불멸하는 신도 있고 그 신과 하나가 될 수도 있다 하니 너도나도 종교에 빠져들게 되는 것이다.

어네스트 베커가 쓴 《죽음의 부정》은 인간의 이러한 모습을 잘 설명하고 있다.[3] 베커에 의하면 인간이 일상적으로 하는 모든 행동은 죽음을 부정하기 위해서 하는 것이다. 인간은 자신이 결국 죽음으로 소멸될 것을 알기 때문에 그 공포에서 벗어나기 위해 수많은 일을 한다. 불멸하려는 시도나 노력이 종교만을 향하는 것은 아니다. 지극히 세속적인 행위로도 나타나는데, 예를 들어 엄청난 쇼핑 중독으로 물건을 사는 행동 역시 죽음의 공포에서 벗어나려는 시도로 볼 수 있다. 쇼핑은 인간의 채워지지 않는 욕망이 표출되는 모습이기만 한 것이 아니다. 사람들은 무의식적으로 자신이 소비한 물건을 영생의 상징으로 대하며 나는 죽지만 내가 사들인 물건들은 없어지지 않고 영원할 것이라

---

3   이 책의 내용은 졸저 《죽음, 또 하나의 세계》(동아시아, 2006) 41-58쪽에 소개되어 있으니 관심 있는 이는 참고하기 바란다.

믿는데, 이는 죽음을 부정하는 행위기도 한 것이다.

　또 다른 예로 보석을 소장하려는 욕망을 들 수 있다. 보석 중에서도 금이나 다이아몬드는 특히 인기가 높은데, 그 이유는 이 보석들이 인간의 눈에 불멸하는 것처럼 보이기 때문이다. 사람들은 이러한 보석을 패용하고 있으면 자신들도 그것처럼 영원할 수 있다고 무의식적으로 생각하는 것 같다. 그래서 헉슬리Aldous Huxley는 금과 같은 보석을 향한 갈애를 '세속적 불멸의 추구'라 했다. 쇠나 돌에 불과한 보석인데 이렇듯 조잡한 것에 집착하는 데는 욕망의 추구만으로 설명할 수 없는 다른 동기가 숨어 있을 것이다. 그것이 바로 불멸을 향한 열망이다.

　돈에 끌리는 현상도 똑같은 이치로 해석할 수 있다. 물론 돈을 끊임없이 추구하는 것은 결코 마르지 않는 인간의 욕망 때문이겠지만 다른 해석도 가능하다. 죽음의 부정이라는 관점에서 볼 때 그것은 불멸하고 싶어 하는 마음의 표현이라 할 수 있다. 나는 분명히 죽을 테지만 내가 벌어놓은 이 돈은 영원하리라 생각하는 것이다. 이것은 참으로 처절한 믿음이다. 돈 다발을 불멸의 탑으로 생각하고 있으니 말이다.

　고통은 여기서 끝나지 않는다. 자의식의 발현으로 인간은 죽음에 이어 소외, 그리고 거기서 파생되는 고독 때문에 고통을 느낀다. 이 세상은 저기에 있고 나는 여기에 있는 사실을 발견하면서 인간은 이 세상에 자기 혼자뿐이라는 사실을 처음으로 알아챘다. 여기서 소외와 고독이 비롯된다. 특히 타인과의 거리가 엄연히 존재하는 것을 발견하고 그것을 어찌하지 못한다. 그 거리를 아무리 가깝게 만들려 해도 되지 않는다는 사실을 알아가면서 인간은 홀로 있음을 처절하게 느끼고 그 고독감에 몸부림친다.

　고독감이 너무 강한 나머지 우리는 그것으로부터 도피하려 온갖 애를 쓴다. 이럴 때 사람들이 가장 많이 하는 일은 별 것 아닌 데 몰두해 이 사실을 잊어버리는 것이다. 예를 들어, 다양한 취미 활동을 하거나 공연히 연예인의 가십 거리를 캔다. 또 아무 이득도 없는데 스포츠 경기에 광분하기도 한다. 한마디로 말해 어딘가에 미치려 하는 것이다. 무엇이든 어떠한 것에 미쳐 있으면 자신이 이 세상에 혼자 있다는 사실을 잊게 된다. 그러면 고독감에서 잠시나마 벗어날 수 있다. 그러나 이것은 고독에서 오는 큰 고통을 원천적으로 해결하는 것이 아니라 진통제를 먹고 잠시 잊는 것일 뿐이다.

　이 고독감에서 탈출하고자 가장 공을 들이는 일은 연애일 것이다. 주위를 둘러보면 사람들이 연애하는 데 엄청난 관심을 두는 모습을 심심치 않게 목격할 수 있다. 흡사 불을 향해 돌진하는 나방과 같이, 연애가 때로 불행의 원인이 된다는 사실을 알면서도 자신도 모르게 상대방에게 돌진한다. 연애 관계는 매우 다층적이고 복잡해 이해하기가 쉽지 않다. 그 관계를 하나하나 분석하다 보면 배가 산으로 갈 수 있으니 여기서는 자의식의 관점에서만 접근하기로 한다.

　에로틱한 사랑은 자의식 때문에 생긴 소외와 고독을 극복하는 데 대단히 좋은 수단이다. 상대방과 밀착되어 하나가 된 것처럼 느끼게 되면 소외가 사라진 듯하기 때문이다. 특히 성적 접촉을 통해, 단순한 친구 사이에서는 결코 느낄 수 없는 강력한 친밀감을 경험할 수 있다. 성적 접촉 가운데 성교는 가장 강력하다. 오르가슴이라는 순간이 있기 때문이다. 그 순간 사람들은 어떤 황홀감 혹은 '엑스터시'[4]를 느끼면서 상대방과 합일감을 경험한다. 매우 짧지만, 그 순간만큼은 타인과 하나가 되어 크나큰 쾌락을 느끼고 평소 자신을 괴롭혀왔던 고독감에서 완전히 벗어나게 된다. 그 순간만큼은 내가 존재한다는 사실을 잊고 오로지 쾌락의 절정에 처하게 된다.

우리가 그토록 누군가와 가까이 있기를 바라고 마지막으로는 성적으로 하나가 되려 하는 데는 이러한 욕구, 즉 헤어날 수 없는 고독감에서 해방되고자 하는 욕구가 숨어 있는 것이다. 오르가슴에는 이러한 종교적 의미가 있는데, 그 순간에 머무는 시간이 너무 짧다는 문제가 있다. 불과 몇 초다. 그런 까닭에 소외나 고독을 극복하는 데 그다지 도움이 되지 않는다. 또 그때 느낀 합일감도 오래 가지 않기 때문에 사람들은 끊임없이 이 체험을 다시 갈구하게 된다. 이와 같은 맥락에서 오르가슴의 체험이 아무리 강력하다 해도 인간의 고독감을 극복하게 하는 근본적 해결책은 되지 못한다. 다만 환각제 체험을 제외하면, 그 순간이 인간이 할 수 있는 경험 가운데 가장 강력한 체험일 수 있다는 점에는 큰 이견이 없을 듯하다.

---

4 엑스터시(ecstasy)라는 단어를 풀어 보면 'out of oneself'라는 의미다. 즉 자신을 초월한 상태를 말한다. 따라서 이때는 소외나 고독감이 있을 수 없다.

고통

우리는 자의식을 지님으로써 고통의 바다, 즉 불교에서 말하는 고해로 들어왔다. 앞서 말한 고통이 실존적인 것이라면 지금부터 볼 것은 본능적이고 물질적인 데서 생기는 고통이다. 이 고통은 보통 사람들이 일상에서 매일 겪는 것이라 누구에게든 피부에 와 닿을 수 있다. 이것은 바로 욕심의 문제다. 인간은 본능적으로 무엇인가를 바라고 있고 그것을 무한대로 가지려 노력한다. 인간은 왜 이렇게 되었을까? 이것은 모두 우리가 지니고 있는 자의식 때문에 생긴 생각에서 비롯된다. 자의식 덕분에 인간은 생각을 할 수 있게 되었는데, 생각은 결코 정지되는 일이 없고 끝없이 자기 팽창과 연속을 도모한다. 바로 이 생각 때문에 인간은 무엇인가를 계속해서 원하고 소유하려 한다. 자신도 어쩔 수 없어 이러한 행위를 반복하는 것이다. 이렇게 하면 언젠가는 자신의 욕망이 채워지리라는 기대를 갖게 되지만, 그러한 시도는 반드시 실패로 끝난다. 인간의 욕심은 아무리 노력해도 채워질 수 없기 때문이다. 그래서 인간은 늘 괴롭다. 괴로운 줄 알면서 또 욕심을 내는 게 인간이다.

벗어날 수 없는
욕심의 덫

동물은 욕심이 없다. 동물은 사냥을 해도 자신에게 필요한 만큼만 취하고 더 이상 취하지 않는다. 그렇기 때문에 아프리카 초원에 사자와 얼룩말이 평화롭게 공존할 수 있는 것이다. 사자는 자신의 생존에 필요한 만큼만 얼룩말을 잡아먹고 그렇지 않을 때는 얼룩말에게 아무 관심이 없다. 이렇게 사자와 얼룩말은 서로를 인정하기라도 하듯 평화로운 장면을 연출한다. 만약 얼룩말이 언젠가는 사자에게 잡아먹힐 수 있다는 사실을 스스로 알고 있다면 그렇게 평온하게 있을 수 없을 것이다. 얼룩말은 사자의 손길이 미치지 못하는 곳으로 피신하든지 아니면 사자를 막을 수 있는 다른 방법을 강구할 것이다. 그러나 자신이 죽는다는 사실을 인지하지 못하기 때문에 얼룩말은 아무런 준비도 하지 않는다. 얼마 지나지 않아 사자가 분명 공격해올 텐데 말이다. 인간이 같은 상황에 처했더라면 분명 자신의 죽음을 피하기 위해 여러 방도를 강구했을 것이다.

인간은 욕심이 많다. 인간의 자의식은 자아 개념을 생성해내는 동시에 '내 것'이라는 개념도 만들어내기 때문이다. 내가 있다는 것을 알게 되면 나와 남을 구별하는 자아 개념이 생기고, 자아가 존재하게 되면 내 것과 남의 것을 구별하는 소유 의식을 갖게 된다. 소유 의식, 즉 욕망은 결코 채워질 수 없다. 항상 '좀 더, 좀 더' 하면서 더 가지려 할 뿐 만족하는 법이 없다. 그래서 사람들은 아무리 많이 갖고 있어도 더 가지려 한다. 목마른 사람이 짠물을 들이키듯, 아무리 물을 마셔도 갈증이 해소되지 않는 것이다. 이것은 일종의 악순환이다. 욕망에 사로잡힌 우리 대부분은 이와 비슷한 형국에 있다. 그래서인지 객관적으로 보기에 돈을 충분히 가진 사람이 더 '돈, 돈, 돈' 하는 모습을 많이 볼 수 있다.[5] 지금 있는 돈을 죽을 때까지 써도, 또 아무리 펑펑 써도 충분할 것 같은 사람일수록 오히려 더 사업을 벌이고 투자를 해 더 많은 돈을 벌려 한다.

만약 얼룩말과 공존하는 사자의 자리에 인간이 있었다면 어떻게 행동했을까? 아마 얼룩말을 있는 대로 포획해 일단 자신이 필요한 만큼 취하고 나머지는 어딘가에 저장할 것이다. 그리고 그것을 가지고 다른 부족과 장사를 할지도 모른다. 혹은 얼룩말의 소유권 때문에 이웃 부족과 싸우는 경우도 종종 발생할 것이다. 끝없는 욕심의 행렬이다. 인간이 물질과 부딪치면 언제나 이러한 일이 발생한다. 물질을 더 차지하려 주위의 존재들과 쟁투의 관계에 들어가는데 무엇을 하든 인간

---

5   그래서 '있는 사람이 더 하다'라는 말이 나오는지도 모르겠는데, 이 관점에서 보면 이러한 사람들이 돈을 계속해서 밝히는 것은 전혀 이상한 일이 아니다.

의 욕망은 결코 채워지지 않을 것이다. 불교에는 이런 말씀이 있다. 온 우주가 보석으로 되어 있고 그것이 자기 것이라 하더라도 인간은 보석을 더 요구한다고 말이다. 온 우주라면 전체를 말하는데 전체가 다 자기 것이라 하더라도 인간의 욕심은 채워지지 않는다는 것이다. 참으로 밑 빠진 독에 물 붓기다.

부질없는 행위의
연속

어리석다는 사실을 알면서도 왜 이렇게 '더, 더, 더'를 반복하면서 모든 것을 소유하려고만 하는 것일까? 여기에는 많은 이유가 있다. 인간은 자의식 덕분에 사물이 있는 것과 없는 것을 구분할 수 있다고 했다. 따라서 인간은 사물을 볼 때 저것이 없어질 수 있다는 생각을 할 수 있다. 이원론적으로 사고하기 때문이다. 그런 까닭에 인간은 자기가 소유한 물건을 보면서 이 물건이 없어지면 어떻게 하나 하는 걱정과 두려움을 느낀다. 그렇게 두려움에 휩싸인 인간은 그런 상황에 대비하기 위해 무조건 물건을 축적한다. 영원히 '있음'의 상태를 유지하기 위해서 말이다. 그에 비해 없음의 상태를 알지 못하는 동물은 그런 상황이 오는 것을 두려워할 이유가 없다. 동물에게는 지금 자신이 배가 고픈지 아닌지 하는 문제가 중요하지 '내 앞에 있는 먹잇감이 없어지면 어떻게 하나'와 같은 걱정은 아예 염두에 없다. 그들은 본능만 따를 뿐이다.

그 다음 이유는 앞서 이미 언급한 것이다. 인간은 자신이 모은 돈이나 물건들을 보면서 그것이 영원할 것이라 생각한다. 내 것이라고 생각하는 것이 눈앞에 엄존하고 있으니 말이다. 그에게는 돈이나 물질이 불멸의 탑이기 때문에 거기에 끊임없이 물질을 쌓아 탑을 더 높여야 한다. 그 끝이 보이지 않을 때까지 높게 더 높게 쌓아야 한다. 이성적으로는 이 불멸의 탑이 한없이 높아질 수 없다는 사실을 알지만, 무의식적 충동에 사로잡힌 그는 계속 쌓아올린다. 인간은 왜 이렇게 부조리한 일을 할까? 물질로 쌓아올린 탑이 자신의 영생을 증명하고 있다고 생각하기 때문일 것이다. 저 탑을 끝없이 쌓으면 자신도 그처럼 영원할 것이라 생각하는 것이다.

끝없이 욕망을 추구하는 또 다른 이유는 소외 개념과 연결해 생각해볼 수 있다. 인간은 자의식을 가지면서 나는 '여기'에 있고 그는 '저기'에 있다는 것을 안다고 했다. 이것은 나와 그 사람 사이에 메울 수 없는 공간이 있다는 것을 의미한다. 이 공간이 물리적인 것이라면 그곳을 통과해 그에게 갈 수 있지만, 나와 타인 사이의 공간은 심리적으로 느끼는 공간이라 어떻게 해도 통과할 수가 없다. 노력에 따라 그 공간을 조금은 좁힐 수 있을지 모른다. 그러나 완전히 좁혀 하나가 되는 일은 결코 가능하지 않다. 이원론의 세계에서 그것은 원론적으로 불가능한 일이다.

이럴 때 인간이 느끼는 좌절감은 엄청나다. 엄마와 아무리 가까워도 혹은 애인과 아무리 가까워도 그는 그이고 나는 나인 것이다. 어떤 일을 해도 상대방과 나 사이에 있는 공간은 제거하지 못한다. 나와 그 사람 모두 각자 자의식이 있는 한 이것은 어쩔 수 없는 일이다. 인간은 그 공간을 채우고자 미친 듯이 물건을 사고 그것으로 타인에게 가는 다리를 삼으려 한다. 그러나 그 공간은 결코 물질로 채울 수 없다. 아무리 물질을 쌓아도 타인은 저만치 있다.

이처럼 인간은 서로가 서로에게 닿는 다리를 놓으려 안간힘을 쓰는데 여태껏 그것을 성공한 사람은 한 명도 없다. 시지프스 신화의 주인공처럼, 실패할 것을 알면서도 계속해서 시도할 뿐이다. 끊임없이 바위를 산 정상에 올려놓지만 그 바위는 정상에 놓이자마자 다시 굴러떨어진다. 신화 속 주인공은 그 사실을 알고 있었을 것이다. 그럼에도 불구하고 이번에는 바위가 굴러떨어지지 않을 거라 헛되이 망상하며 무의미한 일을 계속 했던 게 아닐까? 우리 역시 그 주인공과 다르지 않다. 바위를 올리듯 끊임없이 타인에게 갈 수 있는 다리를 놓아 연결하려 하니 말이다.

욕망에는 끝이 없다는 것은 의심의 여지가 없는 사실이다. 그런데 불교에서는 욕망을 끊으면 깨달음을 얻을 수 있다는 감연한 주장을 한다. 그러한 가르침은 사성제四聖諦, 다시 말해 '고집멸도苦集滅道'라는 네 가지 성스러운 진리에 집약되어 있다. 첫 번째 진리 '고'는 '인간의 삶은 그 자체가 고통이다'라는 사실을 말한다. 이 명제는 충분히 받아들일 수 있다. 그 다음 진리 '집'은 고통의 원인을 말하는데, 집착이나 갈애 등과 같은 욕망이 바로 그 원인이다. 여기서 불교 교리는 매우 단순하게 진행된다. 욕망만 없애면 우리의 문제가 해결된다고 하니 말이다.

그 해결책은 좀 더 구체적이다. 벼락을 일으키는 금강저金剛杵나 세상에서 가장 강한 금속으로 만들어진 금강도 같은 것으로 이 갈애만 끊으면 우리는 곧 해탈한다. 그런데 과연 이 판단이 맞는 것일까? 보통 사람들이 금강저나 금강도와 같은 무쌍無雙의 무기를 어디서 구할 수 있을까? 이 무기만 있으면 만사가 해결될 것 같은데 정작 이것을 어디서 어떻게 찾아내야 하는지 알 수 있는 방법이 없다. 불교도들은 이 무기란 다름 아닌 지혜라고 하는데 이 지혜는 어떻게 얻을 수 있는지 제대로 파악이 안 된다.

가능성이 아주 희박한 일이지만, 금강저나 금강도를 구해 그것으로 우리의 번뇌를 도려낸다고 해보자. 그런데 이 일이 과연 가능할까? 이처럼 외부에서 작동되는 힘으로 과연 욕망 혹은 갈애를 끊을 수 있겠느냐는 것이다. 백 번 양보해 일단 이것들을 끊었다고 하자. 끊은 다음 보면 욕망들이 일시적으로 없어진 것처럼 보인다. 그런데 그게 아니다. 욕망은 곧 다시 생겨나기 때문이다. 아무리 잘라도 욕망의 가지는 다시 뻗어나온다.

이것은 어찌 된 일일까? 이러한 현상이 생기는 이유는 무엇일까? 답은 명료하다. 욕망을 일으키는 근본적 원인을 제거하지 않았기 때문에 욕망이 자꾸 올라오는 것이다. 근본적 원인은 다름 아닌 인간의 자의식이다. 결코 욕심이 아니다. 단순한 욕심이든 지나치게 탐욕스러운 마음이든 인간이 지닌 모든 욕망 혹은 생각은 모두 자의식에서 비롯된다. 인간이 궁극적으로 행복하려면, 혹은 불교가 말하는 해탈을 이루려면 자의식을 '제거'하든지 아니면 '초월'하든지 해야 한다. 욕심만 없애서는 결코 성공할 수 없다. 뿌리는 가만 놓아두고 가지만 치면 그 가지는 언제든 다시 나오게 되기 마련이다. 여기서 우리는 종교에 대해 생각해볼 필요가 있다. 자의식의 제거 혹은 초월이야말로 종교의 궁극 목표이기 때문이다.

인간관계라는
고통

인간의 고통에 대한 이야기가 나온 김에 이 주제를 좀 더 논의해보자. 불교는 세계종교 가운데 인간의 고통이라는 문제를 교리 전반에 세운 유일한 종교일 것이다. 붓다가 가장 먼저 행한 설법이 사성제에 대한 것인데, 여기서 '고'가 가장 처음에 나오는 것을 보아도 불교가 고통을 얼마나 중요하게 다루는지 알 수 있다. 붓다는 인간의 고통을 '사고四苦' 즉 '생로병사'라는 극명한 단어로 표현하고 있다.

그런데 이 표현은 너무 피상적인 것 같다. 인간이 진짜 고통스러워하는 것이 언급되지 않고 있다는 느낌이 들기 때문이다. 필자가 보기에 인간이 가장 힘들어 하는 고통 중 하나는 인간관계다. 그런데 불교는 이를 언급하지 않는다. 사고에 이어 팔고八苦를 말할 때 기껏 '사랑하는 사람은 만나지 못해 괴롭고 미워하는 사람은 만나서 괴롭다'라고 말하는 정도다. 그러나 인간관계는 그렇게 단순하지 않다. 특히 부부관계가 그렇고 직장과 학교에서 맺는 인간관계가 그렇다.

불교에 이와 관련된 구체적 가르침이 없는 점을 이해하지 못하는 것은 아니다. 불교의 가르침이 전파되던 시기에는 오늘날과 같은 복잡한 인간관계가 없었다. 사회가 신분이나 성별, 연령 등으로 확실하게 구분되어 있었다. 그래서 개인은 자신이 속한 집단 내에서 주어진 역할만 하면 문제될 일이 없었다. 더 정확히 말해 당시는 개인이 없는 사회였다고 해도 과언이 아닐 것이다. 따라서 개인들 사이에 생기는 인간관계에 복잡할 것이 없었다. 그러니 인간관계에서 생기는 고통을 간과했을지도 모른다.

그러나 현대 사회는 매우 다르다. 집단보다 개인이 중요시되고 개인의 자유와 책임이 보장되기 때문이다. 사회도 복잡해져 직장이나 학교와 같은 사회 현장에서 불특정 다수를 많이 만날 수밖에 없는데, 우리가 만나는 개인은 모두 자아중심적으로 사고한다. 과거 전통 사회와는 전혀 다르다. 개인들이 모두 개별적으로 행동하기 때문에 옛 사람들은 겪어보지 못한 갈등이 엄청나게 많이 생겨난다. 오죽하면 타자가 지옥이라는 말이 나왔을까. 인간관계에서 오는 고통이 이렇게 심하다는 뜻일 텐데, 사회생활을 조금이라도 해본 사람이라면 대부분 이 말에 동의할 것이다. 그런데 인생을 더 살아온 사람이라면 '(타자가 아니라) 내가 지옥이다'라는 사실을 알게 된다. 모든 문제는 나에게서 발생하기 때문이다. 이게 무슨 말일까?

우리가 미숙할 때는 인간관계가 잘못되면 모든 게 남이 잘못해서 그렇게 되었다고 한다. 부모 자식 간 관계나 부부관계에 문제가 있을 때, 그리고 직장 상사와 갈등이 있을 때 상대방을 탓하는 경우가 많다. 그래서 타자가 지옥이라 생각하는 것이다. 그러나 상황을 자세히 살펴보면 스스로의 단점이나 그릇된 점을 타자에게 투사해놓고 타자가 잘못했다고 말하는 경우가 대부분이다. 자신이 잘못했으면서 그 허물을 타자에게 씌워놓고 그를 나무라는 것이다. 그러나 지혜로운 사람은 자신의 삐뚤어진 성격 때문에 인간관계가 틀어졌다는 점을 알아차린다. 그런 사람들은 남을 비난하지 않는다.

인간관계가 지옥인 것을 알 수 있는 좋은 방법 중 하나는 결혼 생활이다. 결혼만큼 남남으로 만난 두 인간이 가까운 관계를 가지는 경우는 없을 것이다. 결혼 생활은 두 인격이 완전히 벌거벗은 상태에서 격돌하는 것이다. 전통 사회에서는 성별 역할이 정해져 있기 때문에 갈등이 비교적 적었다. 그때라고 결혼 생활에 문제가 없지는 않았겠지만 주로 여성의 희생으로 대부분의 갈등이 잠재워졌다. 그러나 지금은 상황이 다르다. 사회적 역할보다 자신이 원하는 것이 더 중요하기 때문에 여성들도 참지 않는다.

결혼 생활은 두 사람이 같이 사는 것이라 갈등의 강도도 높고 기간도 길어 극복하기가 더 힘들다. 사회 현장에서 만난 다른 사람과 갈등이 있을 경우에는 그 기간이 상대적으로 짧아 극복할 수 있는 여지가 많다. 문제가 생겼을 때 가장 좋은 해결책은 상대방을 보지 않는 것이다. 눈에 들어오지 않으면 갈등을 겪을 여지가 없어지지 않겠는가? 그러나 결혼은 그렇지 않다. 배우자와 한 방, 아니 한 침대에서 같이 생활하면서 매일 보니 갈등이 없어지지 않는다. 그로 인한 고통은 어마

어마하다. 결혼 생활에서 갈등을 일으키는 것은 대부분 '당신은 왜 이렇게 (내가 원하는 대로) 하지 않느냐'라는 자아중심적 요구다. 많은 부부들이 '왜 당신은 자기만 아느냐, 왜 남을 배려하지 않느냐'라고 서로를 비난하며 싸운다.

엄밀히 따져보면 그러한 태도는 자신도 마찬가지다. 그런데도 자기의 잘못은 보지 못하고 상대방 잘못만 꿰뚫어 보며 배우자를 비난하는 데 열을 올린다. 모든 잘못은 저 수준 낮은 남편 혹은 아내가 저지른 것이며, 자신만이 옳다고 강력하게 주장한다. 이것이야말로 전형적인 자기중심적 태도다. 결혼을 했으니 그 관계를 아무 때나 그만둘 수는 없다. 물론 이혼을 하면 어느 정도는 풀리겠지만, 말이 이혼이지 이혼까지 가는 길은 결코 쉽지 않다. 몇 번의 우여곡절이 있기 마련이다. 이혼을 한다고 해서 고통이 금세 사라지는 것도 아니다. 이렇게 봐도 저렇게 봐도 결혼 생활은 결코 만만하지 않다.

결혼 생활보다는 덜 힘들겠지만 직장에서의 인간관계도 엄청난 고통을 가져온다. 특히 상사와 인격적으로 부딪치게 되는 상황은 매우 견디기 힘들다. 윗사람이 자신을 미워하고 괴롭히기 시작하면 자살이라도 하고 싶은 심정이 된다. 도살장에 끌려가는 소의 심정으로 매일 아침 회사를 향해야 한다면 그 고통을 형언할 수 없을 것이다. 그런데도 회사를 떠날 수 없는 상황에 처해 있다면 그는 정말 지옥에 살고 있는 것이다.

이 외에도 우리는 다양한 인간관계 속에서 엄청난 좌절을 맛본다. 중요한 것은 이 모든 고통의 근저에 자의식에서 비롯된 자기중심적 사고가 강력하게 존재하고 있다는 사실이다. 인간에게는 항상 자의식이 문제다.

도약, 날것에서
익힌 면으로

두 번째 단계는 도약이다. 온전한 파스타가 되기 위해 '나'라는 반죽 덩어리는 삶은 면발로 변해야 한다. 자의식 덩어리에서 궁극의 실재로 진화해야 하는 것이다. 날것에서 익힌 음식으로 도약하는 것. 삶의 환희를 만나기 위해서는 먼저 그 도약의 의미를 탐구해야 한다.

의식의 진화

인간의 궁극적 문제는 자의식이다. 이제 문제를 확실하게 알았으니 그 해결책을 살펴볼 차례다. 자의식의 단계에서 그 다음 단계로 도약할 시간이 온 것이다. 그 전에 한 가지 짚고 넘어갔으면 한다. 에덴동산의 속성에 관한 것으로, 그곳이 과연 정말 낙원일까 하는 물음이다. 이 질문은 자의식 이전 단계의 상태가 어떠한지를 규명하고, 그 상태에서 자의식 단계로 도약하는 것이 어떤 의미를 갖는지 살펴보기 위한 것이다. 〈창세기〉에는 에덴동산이 낙원이라 명시되어 있지 않다. 관행적으로 에덴은 낙원이었는데 인간이 신의 말을 듣지 않아 그곳에서 쫓겨났다고 말해지고 있을 뿐이다. 그래서 많은 이들은 우리가 행복하기 위해서는 에덴동산으로 돌아가야 한다고 말한다.

다른 세계로의
진입

에덴이 정말 낙원인지 답하기 전에 먼저 다시 물어볼 질문이 있다. 아담과 이브는 과연 자신들이 사는 에덴동산을 세상에서 가장 좋은 곳으로 알고 있었을까? 그곳이 좋은 곳이라고 인지할 수 있으려면 좋고 나쁜 것을 이원적으로 파악할 수 있는 능력이 있어야 하는데, 아담과 이브는 그런 능력이 없었다. 자의식이 생기기 전이라 외계가 존재하는지도 모르는데 좋고 나쁜 것을 어떻게 알 수 있었겠는가? 아직 이원론의 세계에 들어오지 않아 좋고 나쁨을 알 수 없었기 때문에 아담과 이브에게 에덴은 낙원 혹은 천당이 될 수 없었을 것이다.

그런데 대부분은 에덴동산을 낙원으로 알고 있다. 이 단계를 천당이라 부르는 낭만주의자의 견해를 비판하면서 윌버는 저서《아트만 프로젝트》[1] 서문에서 의미심장한 주장을 하고 있다. 윌버에 따르면 에덴동산은 낙원이 될 수 없다. 에덴동산에 있는 아담과 이브는 인간 의식의 발달 단계에서 자의식이 생기는 단계보다 낮은 단계에 처해 있기 때문이다.

윌버는 계속해서 자의식의 단계를 '의식적 지옥conscious hell'이라는 재미있는 용어로 표현하고 있다. 여기서 '의식적'이라는 단어를 붙인

---

1   *The Atman Project: A Transpersonal View of Human Development*(Quest Books, 1980). 이 책은 국내에 번역돼 있지 않다.

이유는 이 단계에 처한 사람들은 자신이 지옥에 있다는 사실을 알고 있기 때문이다. 자의식이 있으니 분별할 수 있는 능력이 있는 것이다. 자의식이 생기면서 죽음을 알고 그에 따라 공포에 떨며, 욕심 때문에 사람을 죽이거나 큰 전쟁을 일으키고 지구를 파괴하는 등 우리는 이 단계에서 분명 지옥의 삶을 살고 있다. 그렇게 해서 겪게 되는 인간의 고통을 나열하려면 시간이 부족하지 그 항목들이 부족하지는 않다. 고통의 항목은 부지기수기 때문이다.

그런데 우리가 아기일 때는 아담과 이브처럼 낙원에 있다가 자의식이 생기면서 지옥으로 빠졌다는 설명은 일의 순서가 맞지 않는다는 느낌이다. 그보다 우리는 태어날 때부터 지옥에 내동댕이침을 당했는데 단지 처음에는 그 사실을 모르고 있었을 뿐이라는 설명이 더 적절하다고 생각한다. 윌버가 자의식 이전의 상태를 '무의식적 지옥'이라 부른 것은 대단히 훌륭한 통찰이다. 그는 이렇게 말한다.

> 아기가 평화롭게 보이는 이유는 아기가 천당에 살고 있기 때문이 아니라 그 주위에 있는 지옥 불을 인지할 수 없기 때문이다. 아기 역시 명확하게 삼사라(윤회)의 세계에 있다. 깨달음은 이런 상태로 돌아가는 것이 아니다.[2]

이것은 탁월한 설명이다. 인간의 태어남은 온갖 업보를 짊어지고 고

---

2 *The Atman Project: A Transpersonal View of Human Development*, p. xi.

통이 난무하는 생사고해로 들어오는 것이지 홀로 순진무구한 상태로 이 속세에 진입하는 것이 아니다. 윌버는 다른 책에서 이 상태를 "아무 감각이 없는 동상凍傷의 상태"[3]라 묘사하는데 이것도 같은 맥락으로 이해된다.

한편 아담과 이브 신화의 말미를 보면, 그들을 쫓아낸 뒤 신은 동산의 동쪽에 거룹(날개 달린 천사와 같은 존재)을 세우고 빙빙 도는 불칼을 설치했다고 적혀 있다. 이로써 아담과 이브가 에덴동산으로 가는 길은 영영 막히게 된다. 문지기가 있을 뿐 아니라 불을 뿜는 칼이 빙빙 돌고 있으니 그것을 뚫고 지나가기란 애당초 그른 것이다. 이것은 그만큼 동산으로 돌아가는 일이 어렵다는 것을, 아니 불가능하다는 것을 보여준다.

이에 대한 일반적 해석은 아담과 이브가 씻을 수 없는 죄를 저질렀기 때문에 다시는 동산에 돌아갈 수 없게 되었다는 것이다. 낙원인 동산에서 계속 살 수 있었지만 신의 말을 어기고 신처럼 되려 했기 때문에, 신이 그들에게 다시는 이 동산에 돌아오지 못하는 가혹한 형벌을 내렸다는 것이다. 그러나 이러한 해석은 신화를 비유로 보지 않고 있는 그대로 받아들이는 우를 범하고 있다. 이 비유는 과연 무엇을 말하려 하는 것일까?

인간 의식의 진화라는 관점에서 볼 때 이것은 인간이 한 단계 위로 진화하면 그 전 단계로 돌아갈 수 없다는 불가역성을 말한 것으로 이

---

3 《모든 것의 역사》, 278쪽.

해된다. 우리는 자의식이 없는 첫 번째 단계에서 자의식이 있는 두 번째 단계로 진화했다. 이렇게 낮은 단계에서 높은 단계로 진화하게 되면 다시는 이전 단계로 돌아갈 수 없다. 그러니까 자의식이 없는 상태로 다시 돌아갈 수 없다는 것이다. 한번 인간이 됐으면 끝까지 인간으로 남지 동물 상태로 되돌아갈 수는 없다.

이것은 이 단계들의 속성을 보면 알 수 있다. 한 단계에서 다음 단계로 가면 전 단계는 없어지는 것이 아니라 다음 단계에 포함된다. 가장 비근한 예가 물질의 진화 단계다. 물질은 소립자에서 원자로, 원자에서 분자로 진화하는데 한 단계가 올라가더라도 그 전 단계가 소멸되는 게 아니라 그것을 포함하면서 상위 질서를 만들어낸다. 원자에서 분자로 상승하면 원자는 상위 단계의 부분이 되면서 하나가 되는 것이다.

인간의 진화 단계도 마찬가지다. 첫 번째 단계에서 두 번째 단계로 진화할 때, 첫 번째 단계는 없어지는 것이 아니라 다음 단계에 포함된다. 첫 번째와 두 번째 단계가 하나가 되기 때문에 첫 번째 단계로 되돌아갈 수 없는 것이다. 인간은 아무리 자의식 혹은 기억을 버리고 싶어도 그럴 수 없다.

인간 의식의
진화 단계

서양에서는 꽤 많은 사람들이 인간 의식의 진화라는 주제를 학문적

연구 대상으로 삼아왔으며, 특히 미국의 학자들이 가장 많은 연구를
수행했다.[4] 그 연구를 살펴보면 학자마다 사용하는 이론이 달라 각각
의 주장을 포괄해 설명하기는 힘들다. 그들이 제시하는 연구 결과를
보면 의식이 진화하는 단계의 개수도 다르고 그 단계를 지칭하는 용
어도 다르다. 그 다양함에 혀를 내두를 지경인데, 제시된 연구 결과들
에서 공통된 부분을 선별해보면 다음과 같이 정리할 수 있다.

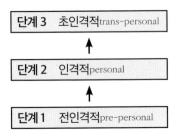

인간의 의식은 자의식이 없는 단계 1을 거쳐 단계 2의 자의식으로 진
화한다. 그리고 그 자의식을 초월하는 단계 3으로 한 번 더 진화할 수
있다.

　단계 1을 전인격적이라 한 이유는 아직 자의식이 생기기 전이기 때
문이다. 자아가 없으니 몰인격적 단계라 부를 수도 있겠으나 인격이
아예 없는 것이 아니라 앞으로 나타날 것이기 때문에 '전'이라 한 것
이다. 나타나기 전이라는 의미에서 그렇게 부른 것이다. 다른 학자들

4　이와 관련해 앞서 인용한《종교심리학》을 참조하기 바란다. 윌버도 이 주제를 아주 충실하게 설명하
　고 있는데, 그의 저서 대부분이 인간의 의식에 대해 이야기하고 있어 어느 특정한 책을 꼬집어 말할
　수 없다.

의 연구를 보면 대부분 이 단계를 그다지 세분화하지 않고 있는데, 이는 당연한 일로 생각된다. 자의식이 없는 혼몽 비슷한 상태니 세분화할 여지가 없는 것이다. 아무 변화가 없는 상태가 계속되니 그것을 나누고 규정하는 등의 분석을 할 여지가 없을 것이다. 그런데 단계 2에 대해서는 학자들의 설명이 쇄도한다.

단계 2는 자의식이 생겼다는 의미에서 '인격적'이라는 이름을 붙였다. 드디어 개인이 탄생한 것이다. 극소수 예외를 제외하고 사람들 대부분은 이 단계에서 생을 마감한다. 초월의 단계로 나아가지 못하고 이 세상에서 '지지고 볶다가' 죽는 것이다. 인간의 모든 문제가 바로 이 단계에서 생긴다.

그런데 힌두교나 불교 등의 인도 종교에 따르면 인간은 이렇게 지옥과 같은 세상에 거듭해 환생해야 한다. 지옥에서 빠져나오기는커녕 지옥이 연속되니 참으로 미칠 노릇이다. 여기서 탈출하려면 방법은 하나뿐이다. 그 다음 단계로 도약하는 것이다. 그 방법은 뒤에서 상세하게 논할 것이다. 불교에서 말하는 해탈은 이처럼 계속해서 닥쳐오는 지옥의 사슬에서 벗어남을 의미한다. 좀 더 구체적으로 말하면 고통만 있는 이 사바세계에 태어나지 않는 것이다. 환생을 끊어야 지옥에서 벗어날 수 있기 때문이다.

지옥과 같은 세상에서 벗어나는 방법을 보기 전에 이 단계에 대한 학자들의 견해를 살펴보자. 상아탑에 있는 학자들은 단계 3에 대해서는 잘 알지 못하기 때문에 이와 관련된 별다른 연구를 남기지 않았다. 단계 3은 수행을 아주 많이 한 사람만이 거론할 수 있는 영역이다. 그런 까닭에 학자들의 연구는 대부분 단계 2에 집중되어 있다. 단계 2에서는 자의식이 생겨나면서 인간이 발달한다. 인간은 여러 작은 단계를 거치면서 발달하기 때문에 이와 관련해 심리학자들의 단계 2 연구가 두드러졌다.

심리학자들은 자기 방식대로 단계를 더 세분화해 발달 과정을 정밀하게 논의했다. 이러한 단계 구분은 단계 2의 속성을 이해하는 데 도움이 된다. 심리학자마다 주장하는 내용이 조금씩 차이가 있기는 하지만 큰 틀은 비슷하기 때문에 특정 이론만 보아도 단계 2의 전체 모습을 대략이나마 파악할 수 있을 것이다.

콜버그와 윌버의
이론들

가장 먼저 소개하려는 이론은 인간의 도덕성 발달 연구에서 최고의 권위를 자랑했던 콜버그Lawrence Kohlberg의 이론이다. 그는 인간의 도덕성 발달에는 세 단계가 있다고 주장했는데 이는 심리학계에서 매우 유명한 이론이다. 복잡한 것은 차치하고 굵은 뼈대를 보면 인간의 도덕성은 전인습적 단계 → 인습적 단계 → 후인습적 단계 순으로 발달한다. 이렇게 보면 앞서 본 인간 의식 발달 단계와 매우 유사하다. '전-현-후'로 나눈 것이 아주 비슷하지 않은가?

콜버그가 제시한 세 단계의 정체를 보면, 먼저 전인습적 단계는 아직 사회의 관습에 적응하기 전의 상태를 말한다. 아주 어릴 때가 이에 해당한다. 그러다 인습적 단계에 들어가면 사회의 관습에 적응하기 시작한다. 사회가 제시하는 가치를 받아들여 내면화하는 것이다. 이른바 사회화다. 대부분의 인간은 인습적 단계까지만 발달한 상태에서 생을 마감한다. 인격이 더 성숙하려면 다음 단계인 후인습적 단계로 전진해야 한다. 이 단계에서 우리는 사회가 당연하다고 가르친 것을 넘어 자신만의 독자적 판단을 내릴 수 있게 된다. 자기 내면의 목소리에 귀를 기울일 수 있게 되는 것이다.

그런데 콜버그가 구분한 단계[5]들은 모두 앞서 본 인간 의식 발달 단계 가운데 단계 2에 해당하는 것이다. 그러니까 그가 제시한 단계들은 모두 인격적 단계에서 형성되는 과정이라는 의미다. 그렇지 않겠는가? 아무리 전인습적 단계라 하지만 이것 역시 자의식이 생긴 다음 나타나는 단계다. 자의식을 통해 이미 형성된 자아가 아직 사회적 인습을 받아들이지 못한 상태를 가리키는 것이다. 따라서 자의식이 형성되기 전인 전인격적 단계와는 아무 관련이 없다.

후인습적 단계는 인격적으로 성숙한 단계를 지칭한다. 매우 탄력적인 사고를 하는 단계기 때문이다. 그러나 이 단계가 인격을 초월한 단계 3에 이른 것은 아니다. 단계 3은 사회가 제시하는 모든 것을 뛰어넘은 단계라 인습과는 별 관계가 없다고 해야 한다. 그렇다고 해서 사

---

5 콜버그는 세 단계 밑에 각각 두 단계를 두어 전체적으로는 여섯 단계를 주장하고 있다. 그의 이론은 필자가 본문에서 간략하게 정리한 것보다 더 복잡하다.

회의 관습을 모두 부정한다는 의미는 아니다. 여기서 말하고 싶은 것은 인간 발달 단계에 관한 일반 심리학자들의 주장은 대부분 단계 3과 관계가 없다는 사실이다.

그 다음으로 윌버의 주장을 살펴보고 싶은데 이 이론은 조금 복잡하다. 그는 인간의 발달 단계를 원형적archaic → 주술적magical → 신화적mythical → 이성적rational → 심령적psychic → 정묘적subtle → 원인적causal이라는 일곱 단계로 나누고 있다. 각 단계를 자세히 설명하려면 내용이 방대하기 때문에 생략하기로 하고, 이 책의 주제와 연결해 아주 간략하게만 보자.

여기서 말하는 원형적 단계는 자의식이 생기기 전 단계로 신체적 감각과 같은 육체에만 충실한 단계를 말한다. 따라서 앞서 본 단계 중 단계 1에 해당된다. 그 다음 나오는 '주술적', '신화적', '이성적' 단계들은 모두 단계 2에 해당된다. 이러한 단계들은 자의식이 생긴 다음에나 가능하기 때문이다. 주술이니 신화니 이성이니 하는 것들은 모두 생각이 만들어낸, 생각의 소산이다. 생각은 자의식에서 생성된다. 그래서 단계 2에 해당되는 것인데 단계 2에서도 이른 시기에 해당될 것이다.

먼저 주술적 단계를 보면, 사람마다 다를 수 있겠지만 대체로 다섯 살 정도의 아이들은 사물을 주술적으로 바라본다. 그들은 돌이나 인형을 말할 줄 아는 인격적 존재로 간주한다. 무생물이 살아 있다고 생각하며, 세상이 주술적으로 움직인다고 이해하는 것이다. 그러다 초등학교 저학년이 되면 주술적인 것을 재료 삼아 신화와 같은 이야기를 만들어낸다. 이러한 신화적 단계에서는《신데렐라》와 같은 동화가 나오는데, 이 동화에는 신데렐라가 호박이 변한 마차를 타고 동물들이 변신한 시종들의 안내를 받으며 궁궐로 가는 장면이 있다. 다분히 주술적인 내용이 들어 있는 것이다.

그러다 초등학교 고학년이 되면 만물을 구별하는 이성적 사고를 하게 된다. 이성적 단계에 들어서면 그 전 단계까지 사실로 알았던 주술적이거나 신화적인 세계 혹은 그 세계에 얽힌 이야기들이 허구라는 사실을 알게 된다. 예를 들어 주술적, 신화적 단계의 아이들은 산타클로스가 정말 존재한다고 믿지만, 이 단계에서는 그것이 사실이 아님을 이성적으로 알게 된다.

지금까지 본 주술적, 신화적, 이성적 단계에서 일어나는 일은 모두 자의식이 있을 때만 가능하다. 한편, 심령적 단계는 단계 2와 단계 3에 걸쳐 발을 딛고 있는 것처럼 보인다. 정묘적 단계와 원인적 단계는 단계 3에만 속한다고 볼 수 있는데, 이것들은 초월적 영역이기 때문이다. 이 단계들은 다음 장에서 상세하게 살펴볼 예정이다.

그럼에도 불구하고
단계 2는 필요하다

인간은 평생 자의식 때문에 울고 웃다가 아무 해결도 보지 못한 채 생을 하직한다. 그래서 죽을 때가 되어 자기 생을 뒤돌아보면서 이번 생 동안 엄청나게 많은 일을 한 것 같은데 모든 게 꿈처럼 느껴진다고 실토한다.[6] 내가 살아 있는 동안 도대체 무엇을 했는지 허무하게만 느껴지는 것이다. 가정을 꾸리고 돈을 벌기 위해 무진 애를 쓰고, 승진하겠다고 악다구니처럼 노력하며 살았는데 돌아보면 다 헛된 것 같기만 하다. 말로 할 수 없는 괴로운 일도 많이 당했고 즐거운 일도 잠깐 있었지만 다 허공에 핀 꽃 같기만 하고 신기루처럼만 보인다. 작은 일 하나도 제대로 해결하지 못하고 가는 것만 같다.

이처럼 우리는 이 단계에서 고통만 느끼고 허무만 경험할 뿐이다. 그러다보면 이런 게 삶인가 하는 자조의 심정에 휩싸인다. 단계 2는 과연 이렇듯 의미가 없는 것일까? 인간은 끊임없이 고생만 하다가 속절없이 스러져 가는 슬픈 존재인가? 이렇게 생각하면 이 삶을 살아나갈 이유가 없을 것만 같다. 그렇지 않은가? 일상에서 어떤 일을 하든 공허하니 그러한 삶을 굳이 이어갈 필요가 있을까 하는 의문이 들지 않겠느냐는 것이다. 필자는 모든 인간이 이와 같은 생각을 한다고 믿는다. 그러나 그들은 자신들의 내면에 이런 생각이 있는지 잘 모른다. 왜일까? 무의식적으로는 이런 상황을 잘 알고 있지만, 그 생각을 의식의 전면에 떠올리는 일이 힘겨워 억누르거나 외면하기 때문이다. 그래서 의식적으로 눈치 채지 못하고 있는 것이다.

6 이와 관련해 생각나는 사람은 임진왜란을 일으킨 도요토미 히데요시다. 그는 죽으면서 모든 것이 '꿈속의 꿈이로다'라고 말했다고 전해진다. 그냥 꿈이 아니라 꿈속의 꿈이라고 한 것이 재미있다. 그런데 저 한 사람 때문에 얼마나 많은 사람이 죽었는데 본인은 그것이 모두 꿈이라고 하니 어안이 벙벙할 뿐이다.

그러면 우리의 삶은 이렇게 의미나 희망이 없는 채로 끝나는 것일까? 답은 '그렇지 않다'이다. 인간에게는 그 다음 단계가 있기 때문이다. 단계 3, 이른바 자아 초월 단계가 그것인데, 그곳으로 가야 인간은 단계 2에서 겪었던 숱한 괴로움에서 벗어날 수 있다. 단계 2에서는 어떤 일을 해도 괴로움에서 벗어나지 못한다. 자의식이 있는 에고가 있는 한 인간은 행복해질 수 없기 때문이다. 이 세상에서 아무리 돈을 많이 벌어도, 아무리 높은 자리에 올라가도, 아무리 좋은 친구가 있어도, 아무리 살가운 배우자가 있어도, 아무리 충직한 자식이 있어도 이 단계의 삶은 괴롭다.

단계 2에서의 삶이 이렇게 괴로운 까닭은 자아, 즉 에고ego가 근본적으로 불안한 상태에 있기 때문이다. 자의식은 항상 이원론의 상태로 분열되어 있어 근본적 불안 혹은 허무 상태에 있기 마련이다. 이것이 에고가 처하게 되는 운명이다. 에고는 자신이 존재한다는 것을 알기 때문에 소멸을 의미하는 죽음을 두려워할 수밖에 없다. 그리고 즐거울 때조차 그 반대 상태인 괴로움을 생각하는 등 우리는 항상 이원론의 굴레에서 벗어나지 못한다.

사실 우리는 이보다 더 근본적인 불안을 갖고 있다. 이것은 에고가 자신을 성찰할 때 어쩔 수 없이 생기는 불안이다. 에고는 자신을 성찰할 때 항상 제삼자의 시각에서 바라볼 뿐, 진정한 자기를 들여다볼 수는 없다. 이것이 무슨 말일까? 자신을 성찰할 때 에고는 자신을 대상으로 놓고 동시에 주체의 입장에서 보게 된다. 그런데 이렇게 보아서는 진정한 나를 볼 수 없다. 밖에서 보이는 나만 볼 수 있기 때문이다.

보이는 나는 다른 사람들에 의해 형성된 개념에 불과하다. 그러니 그것은 다른 사람의 생각이지 진정한 내가 아니다.

이러한 이유 때문에 나는 항상 내가 내 자리에 있지 않다는 것을 인지하게 된다. 내 자리가 아니라 다른 사람이 만들어놓은 자리에 가 있는 것이다. 다른 사람의 생각에 따라 나를 규정했으니 그 자리는 내가 찾은 자리가 아니라 다른 사람이 만든 자리라고 해야 할 것이다. 에고는 이러한 사실을 의식적으로는 알지 못해도 무의식적으로는 알고 있다. 이와 같은 의식과 무의식의 불일치는 에고에게 끊임없는 불안을 안겨준다. 이러한 마음 상태를 어느 정도 표현해주는 일상적 표현으로 '내 마음 나도 몰라'와 같은 말을 들 수 있겠다. 에고는 자신을 바깥의 시각, 즉 다른 사람의 시각에서만 파악했기 때문에 진정한 자신에 대해서는 알 수 없어 그러한 푸념을 늘어놓는 것이리라.

만일 인간의 삶이 이 단계에서 끝난다면 삶은 정말 의미가 없는 것이다. 시지프스 신화의 주인공처럼 평생 무의미한 일만 하다 가는 것이기 때문이다. 그러나 인간에게는 그 다음 단계가 있다. 자아를 넘어 초월하는 단계 말이다. 이 단계에서는 모든 것을 이원론적 시각에서 보는 관점에서 해방되어 불이론不二論적 시각을 지니게 된다.[7] 상대적 관점에서 보지 않고 전체의 관점에서 본다는 의미다. 그래서 비교를

---

7 사실 단계 3에서는 '어떤 시각에서 보게 된다'라는 식의 표현은 맞지 않다. 어떤 시각에서 본다는 것은 이원론적 세계에서만 통용되기 때문이다. 일정한 시각에서 보게 되면 다른 시각을 배제하는 것이기 때문에 불이론의 세계에 맞지 않다. 불이론의 세계에서는 어떠한 시각도 가져서는 안 된다. 그러나 여기서는 언어로 설명해야 하기 때문에 어쩔 수 없이 이러한 표현을 썼다.

하지 않는다. 모든 것을 동등하게 볼 뿐이다.

　이렇게 되려면 자의식을 초월해야 한다. 그렇게 해야 불이론의 세계로 들어갈 수 있다. 물론 불이론의 세계로 들어간다는 표현은 맞지 않다. 이 세계는 또 하나의 세계가 아니기 때문이다. 그러나 언어의 한계 때문에 이렇게 표현할 수밖에 없다. 인간은 이 상태에 도달해야 참된 행복을 맛볼 수 있다. 기존 종교에서 말하는 지복至福, bliss 즉 '궁극의 행복 ultimate happiness'을 느낄 수 있는 것이다. 단계 2에서 겪는 소소한 행복은 지복에 비하면 대낮의 반딧불에 불과하다. 반딧불은 밤에 보면 꽤 밝게 보이지만 대낮에 해 아래서 보면 아무것도 아니지 않은가? 일상에서 느끼는 소소한 행복은 이렇게 미약한 것이며, 오래가지 못할 뿐 아니라 언제 나쁜 상태로 바뀔지 모른다. 단계 3에서 느끼는 행복은 그렇지 않다. 그렇지 않다고는 했지만 이것을 언어로 설명하기는 매우 힘들다.

궁극적 행복은
자아를 초월해야

이 상태가 어떠한지 설명하기 힘들지만, 인본주의 심리학의 대가 매슬로의 주장을 살펴보면 이해하는 데 도움이 될 듯하다. 매슬로가 주장하는 이론 가운데 인간 욕구 단계설은 꽤 많이 알려져 있다. 그는 생리 → 안전 → 사회(소속감) → 자아존중 → 자아실현 순으로 인간 욕구를 다섯 단계로 구분하고 있다.

이 도식에 의하면 인간은 각 단계가 말하는 욕구가 충족되어야 행복할 수 있다. 예를 들어 인간은 먹고 자는 등의 기본적인 생리적 욕구가 충족되어야 살 수 있고, 그 다음 단계로 갈 수 있다. 인간은 각 단계가 요구하는 욕구를 모두 충실히 만족시켜야 한다. 그것이 행복의 지름길이다. 그런데 이 단계들은 뛰어넘을 수 없다. 월단越段이 불가능하다는 것이다. 예를 들어 생리적 욕구만 충족된 채, 안전에 대한 욕구 단계는 건너뛰고 소속감 욕구의 단계로 갈 수 없다는 것이다. 따라서 이 이론을 충실히 따른다면, 각 단계에서 요구하는 욕구를 효과적으로 충족시키고 마지막 단계에 도달해 반드시 자아실현을 이룩해야 한다. 그래야 진정한 행복을 획득할 수 있는 것이다.

그런데 여기서 말하는 자아실현은 무엇을 말하는 것일까? 단순하게 보면 자아실현이란 자신이 지닌 재능이나 잠재력을 발휘하여 자기의 가능성을 한껏 실현하는 것이라 할 수 있다. 인간은 모두 자신만의 재능을 갖고 태어나는데 이 재능을 찾아 실현해야 행복해질 수 있다. 매슬로에 따르면 자아실현 욕구는 실현해도 그만, 실현하지 않아도 그만인 선택적 욕구가 아니다. 이 욕구는 인간에게 본능처럼 내재되어 있어 반드시 실현해야 한다. 그래야만 불행에서 벗어나 진정으로 행복을 맛볼 수 있다. 사람이 자신만의 재능을 찾아 실현시키지 않으면 그는 다른 어떤 것으로도 행복해질 수 없다.

예를 들어 어떤 사람이 원래 미술에 큰 재능이 있는데 부모의 강요와 같은 사회적 압박에 따라 할 수 없이 법대에 가서 판사가 되었다고 하자. 그러면 이 사람은 항상 무엇인가 부족하고 무슨 일을 해도 충족되지 않으며, 더 나아가 잔잔하게 불안한 삶을 살게 될 것이다. 그는 자신이 왜 이렇게 충족되지 못한 삶을 살고 있는지 의식적으로는 잘 모른다. 그러나 좋은 그림이나 하다못해 미술학원 간판을 보아도 이상하게 마음이 설렌다. 평생을 이렇게 산다면 그는 결코 행복해질 수 없다. 자신의 천부적 재능을 발휘해 미술을 해야만 궁극적으로 행복해질 수 있다. 우리도 마찬가지다. 반드시 자신의 재능을 찾아 실현시켜야 하는데, 그렇게 하려면 현명해야 하고 또 용감해야 한다.

여기까지는 잘 알려진 이야기다. 그런데 일반에 잘 알려지지 않은 이야기가 있다. 문헌에서는 잘 발견할 수 없는데, 매슬로는 인생의 막바지에 여섯 번째 단계를 제안했다고 한다. 그가 죽기 일 년 전쯤 다섯 번째 단계인 자아실현 단계를 넘어서는 단계가 있는 것을 발견했다고 하는데 그것은 매우 흥미로운 주장이었다. 다른 단계에서와 마찬가지로 인간은 이 여섯 번째 단계의 욕구를 충족시켜야 진정으로 행복해질 수 있다. 여섯 번째 욕구는 도대체 무엇일까? 그것은 다름 아닌 '자아 초월의 욕구'였다. 다시 초월이다.

매슬로가 연구를 더 진척시켜보니 인간이 다섯 번째 단계에 도달해 자신의 능력을 실현하기만 하면 궁극의 행복이 가능할 줄 알았는데 그게 아니었던 것이다. 마지막에는 그 실현된 '나'를 넘어서 나에 연연하지 않아야 한다는 것이다. 나를 버리고 잊어야 하는 것이다.[8] 이처럼

---

8 이것은 장자가 주장한 '좌망(坐忘)'을 연상시킨다. 좌망이란 앉아서 자신을 잊는 것이니 개념적으로 비슷하다고 할 수 있다.

모든 것을 획득한 다음 그것을 다 내려놓아야 진정으로 행복해진다는 역설을 매슬로가 드디어 깨달은 것이다. 매슬로가 말하는 이 경지가 필자가 앞서 제시한 단계 3의 영역과 일치하는지는 더 연구해보아야 하는데, 그의 주장을 문헌으로 소상하게 접할 수 없어 섣부르게 단정할 수는 없다. 여기서 중요한 것은 그가 마지막 단계로서 초월 욕구를 주장했다는 점이다. 결국은 초월 쪽으로 가야 하는 것이다. 그런데 또 잊지 말아야 할 것은 초월 단계는 전 단계인 자아실현 단계가 있기 때문에 가능하다는 사실이다. 자아실현 단계가 없다면 그것을 뛰어넘는 단계도 있을 수 없지 않겠는가? 실현된 자아가 있어야 그것을 초월하지, 초월할 것이 아무것도 없다면 초월이라는 사건 자체가 일어나지 않을 것이다. 이렇게 보면 자아실현 단계의 의미는 초월 단계로 가기 위한 과정이라는 데서 찾을 수 있을 것이다.

단계 3으로
도약하기

지금까지 단계 2의 존재 의미를 설명하다 여기까지 왔는데 눈치 빠른 독자라면 그 답을 알 수 있을 것이다. 자의식 때문에 지옥이 된 단계 2는 단계 3으로 가기 위해 반드시 거쳐야 하는 단계다. 인생의 목표라 할 수 있는 단계 3으로 가기 위해서는 자의식이 있는 단계 2를 거쳐야만 한다. 자의식을 초월하려면 먼저 자의식이 있어야 하는 것이 논리적으로 맞는 일 아니겠는가? 먼저 자의식이 생기고 그 다음 그것을 초월하는 것이니 말이다. 단계 1에서 단계 2를 생략하고 갑자기 단계 3으로 건너뛸 수는 없다. 아직 자아에 눈뜨지 못한 아기가 도인이 된다는 것은 있을 수 없는 일이다.

단계 2의 존재 의미는 바로 여기 있다. 이 단계는 그 자체만으로는 의미를 찾기 힘들다. 아니 힘든 것을 넘어 그 존재 자체를 부정하고 싶다. 가능하다면 다시는 이 단계에 처하기 싫다. 그렇다고 해서 이 단계가 중요하지 않은 것은 아니다. 이 단계 역시 중요하다. 앞서 말한 것처럼 단계 3으로 가기 위한 준비 단계로서 의미가 크기 때문이다. 아무리 힘들어도 인생은 의미가 있는 것이다.

누군가는 사는 데 다른 목적이 있는 것이 아니라고 말한다. '인생 자체가 목적'이라는 것이다. 하루하루를 충실히 살면 되지 인생에 따로 어떤 목적이 있다고 생각할 필요가 없다는 말인데, 그렇게 하기에는 단계 2에서 느끼는 고통이 너무 크다. 너무 괴롭다. 게다가 고통이 완전히 해소될 기미도 보이지 않는다. 어떠한 노력도 이 고통을 완벽하게 해소시키지는 못하기 때문이다. 자의식이 남아 있는 한 어떠한 행위나 노력도 이원론 속에 갇혀 있어 우리는 이 고통에서 벗어날 수가 없다.

그런데 인간은 고통이 종횡으로 난무하고 있는 생사고해를 넘을 수 있다. 고해에서 사력을 다해 결정적이고 획기적인 학습을 한다면 이 단계를 넘을 수 있는 것이다. 그러나 단계 2를 넘어 그 다음 단계로 가는 일은 결단코 쉽지 않다. 이것은 우리 삶에서 가장 어려운 일일 것이다. 그렇지만 우리는 이 단계를 넘어 단계 3으로 간 사람들을 알고 있다. 붓다나 예수와 같은 고등종교의 창시자를 비롯해 그 뒤 존재했던 수없이 많은 성자를 떠올려보라. 그들은 우리에게 전범典範, 즉 모델을 제시했다. 그들이 이 숙제를 해결했다면 우리도 할 수 있는 것이다. 게다가 그들은 친절하게도 단계 3으로 갈 수 있는 길을 제시해주었다.

종교

세계의 고등종교들은 한결같이 인간 의식의 세 번째 단계를 강조한다. 사실 세 번째 단계에 대해 알려주는 것이야말로 종교의 본령이라 할 수 있다. 종교의 존재 이유가 여기 있는 것이다. 세계종교들은 대부분 인간에게 신성이 내재해 있으며 그것과 하나되는 것이 우리 삶의 궁극 목표라는 가르침을 준다. 이러한 하나됨이 바로 단계 3에서 일어나는 일이다. 이러한 주장을 두고 학자에 따라서는 영원철학perennial philosophy이라 부르기도 한다. 영원철학이라는 용어는 지금과 같은 의미로는 라이프니츠가 17세기에 처음으로 사용했다고 전해진다. 그러나 이 철학이 유명하게 된 것은 헉슬리가 20세기 중반에 같은 이름의 제목으로 책[9]을 낸 다음의 일일 것이다.

---

9   국내 번역본은 최근에 출간된 《영원의 철학》(올더스 헉슬리 저, 조옥경 역, 김영사, 2018)을 참고하기 바란다.

영원철학_
진화의 종착점

영원철학이 지니고 있는 내용은 종교에서 통상 신비주의mysticism라 불리는 전통이 견지하던 것이다. 어떤 종교든 그 종교의 신비주의자들은 다른 종교의 신비주의자들과 구분할 수 없을 정도로 비슷한 주장을 했다. 그러니까 종교가 달라도 신비주의자들은 이상하게 거의 같은 주장을 했다는 것이다. 가령 불교와 기독교는 표면적으로 비교해보면 서로 상당히 다르다. 달라도 아주 많이 다른데, 두 종교의 신비주의자들은 궁극적 존재나 그 상태에 대해 매우 비슷한 묘사를 하고 있다.

예를 들어보자. 기독교는 유신론 종교임에도 불구하고 에크하르트 Meister J. Eckhart와 같은 기독교 신비주의자의 주장은 수준 높은 불교 사상가들의 주장과 다르지 않다. 기독교와 불교는 겉으로 보면 어떤 점에서도 만날 수 없을 것처럼 보인다. 이유는 간단하다. 기독교는 신이 있다고 주장하는데 불교는 그런 신은 없다고 주장하니 말이다. 처음부터 다른 것이다. 그런데 신비주의자들은 다르지 않다. 이들은 전통이 서로 다르기 때문에 쓰는 용어는 같을 수 없지만 궁극적 실재에 대해 서술하는 내용은 매우 비슷하다.

에크하르트는 신을 '공空' 혹은 '무無'로 파악하고 있는데 이것은 기존 그리스도교의 입장과는 매우 다르다. 이 주장은 오히려 대승불교의 공사상과 더 잘 통한다. 그의 부정신학negative theology 역시 힌두교의 대표적 학자인 불이론의 기수 상카라Sankara의 주장과 일치하는 점이 많다. 절대 실재는 이원론적 언어로는 파악이 불가능해 무나 공과 같은 부정적 단어로만 묘사할 수 있는데, 신비주의자들은 이 점에서 비슷한 주장을 하고 있는 것이다.

신 혹은 절대 실재에 대한 이러한 이해는 초월을 향한다. 내 안에 이미 존재하는 신성은 어떤 개념으로도 규정할 수 없으며, 그 신비한 실재를 깨닫기 위해서는 문제 많은 자의식을 초월해야만 한다. 영원철학은 우리에게 초월이라는 과제를 제시하고 있는 것이다. 다시 말해 도약을, 의식의 진화를 주문하고 있다. 우리는 세계종교들이 궁극적으로 지향하는 목표가 단계 3이라는 점을 기억해야 한다. 종교는 어떻게 그런 목표를 향하게 되었을까?

인간이 있는 곳에
언제나 있는 종교

이야기가 나온 김에 종교에 대해 한번 살펴보자. 종교는 인류에게 커다란 의미가 있다. 종교라는 사회적 현상은 인류의 역사와 그 궤적을 함께 해왔기 때문이다. 인류가 있는 곳에는 언제나 종교 혹은 종교적 행위가 있었다. 심지어 구석기 시대에 살았던 네안데르탈인도 이러한 행위를 했던 것 같다. 시신을 의도적으로 매장했는가 하면 그 주위에서 일정한 제의를 했던 흔적이 남아 있기 때문이다. 죽은 자를 위해 행하는 이러한 의식은 매우 초보적인 종교 의례로 보인다. 이것은 인류에게서 나타나는 분명한 특징들 중 하나다. 인간이 있는 곳에는 이처럼 종교 의례라 할 만한 행위가 늘 있었다.

한편 구석기 시대의 의례 현장을 찾아 굳이 유럽까지 가지 않아도 된다. 한국에서도 찾을 수 있는데, 그 현장은 1983년 충북 청원군에서 발견된 '흥수아이' 화석에 잘 나타나 있다. 처음 발견될 당시 흥수아이 화석은 4만 년 전 구석기 시대의 화석이라 평가되었지만, 지금은 신석기 시대의 것으로 보아야 한다는 주장이 설득력을 얻고 있다. 그런데 우리에게 중요한 것은 이 아이의 유골이 있는 현장에서 국화꽃 화석이 나왔다는 사실이다. 국화는 죽은 자를 추모하기 위해 시신 옆에 놓아둔 꽃일 것이다. 그러니까 어떤 형태든 시신을 중심으로 종교 의례를 했다는 사실을 짐작할 수 있다.

인류는 왜 그토록 먼 옛날부터 종교적 행위를 했을까? 초기 인류는 아주 초보적이고 단순한 삶을 살았을 것이다. 농사를 짓기 전인 구석기 시대에는 사냥을 하거나 나무 열매를 채집해 간신히 연명하면서 삶을 꾸렸을 것이다. 그러한 삶을 살아가는 중에도 사람이 죽으면 아주 미약한 수준이지만 나름대로 종교 의례를 거행했다. 그들이 이렇게 종교적 행위를 하게 만든 요인은 무엇일까? 그들이 죽음과 관련된 의례를 행한 이유는 그들이 인간이었기 때문일 것이다. 동물은 이러한 행위를 할 수 없다. 아무리 지능이 높은 침팬지라 할지라도 자신의 죽은 새끼를 땅에 묻고 그 옆에 꽃을 놓아두지는 않을 것이다. 문명의 역사가 시작된 이래 그러한 유례가 보고된 적은 없다.

인간만이 종교 혹은 종교적 행위를 행할 수 있다. 종교가 없었던 시대는 없다고 단언할 수 있을 만큼 종교는 인간과 역사를 같이 해왔다. 이렇게 볼 때 종교는 인간 조건의 필연적 결과물이라 할 수 있다.

종교는 죽음을
극복한다

인간이 경험하는 삶의 국면은 실로 다양하다. 이렇게 다채로운 면면을 다루기 위해 삶 속에는 정치니 경제니 문학이니 하는 여러 영역이 존재한다. 그렇다면 종교라는 삶의 영역은 어떤 인생 분야를 다루고 있을까? 종교가 아니면 다룰 수 없는 분야, 즉 종교만의 고유한 분야는 무엇일까?

사람들에게 종교가 왜 필요한가 하는 질문을 던지면 그 대답은 다양하다. 예를 들어 절대자를 믿음으로써 강력한 의지처를 가질 수 있다거나, 영생 혹은 불멸을 성취할 수 있는 길을 배워 죽음을 극복할 수 있기 때문이라는 말 등이 있다. 이러한 대답 속에는 우리가 내세에도 계속 존재할 수 있다는 종교적 교리에 대한 믿음이 담겨 있다. 종교가 제공하는 그러한 교리는 우리를 죽음의 공포에서 해방시킬 것처럼 보인다.

인간의 죽음과 종교는 대단히 깊은 관계를 가진 주제다. 인간이 죽지 않는다면 종교는 생겨나지 않았을 것이다. 인간의 죽음이라는 문제를 다각적으로 다루는 삶의 영역은 종교뿐이다. 하기야 그렇지 않겠는가? 정치나 경제, 사회와 같은 삶의 다른 영역에서는 이 문제를 전혀 다루지 않는다. 철학이나 문학 등의 영역에서는 죽음의 문제를 다루기는 하지만 부분적으로만 다룰 뿐, 종교처럼 그것을 핵심 문제로 보고 치열하게 파헤치지는 않는다. 그리고 종교처럼 근본적이거나 다양한 해결책을 제시하지도 않는다.

인간은 죽음에 대해 엄청난 공포를 지니고 있다. 인간이 지닌 가장 큰 공포는 '자신이 없어지는 데 대한 공포'일 것이다. 우리는 살면서 많은 공포를 겪게 되는데 그 중 죽음 앞에 섰을 때 느끼는 공포는 상상을 초월한다. 직접 느껴본 사람이라면 잘 알 테지만, 그 공포를 경험해본 사람은 그다지 많은 것 같지 않다. 가령 전쟁에 처음 참전한 신병들은 너무 무서운 나머지 참호 밖으로 뛰쳐나가 처참하게 죽는 경우가 있다고 한다. 이때 이들이 느끼는 공포가 바로 죽음에 대한 공포다. 곧 죽을 것 같다는 공포 때문에 자신을 제어하지 못하고 밖으로 뛰쳐나가는 것이다.

사람들은 거의 예외 없이 죽지 않고 계속 살기 원한다. 여기에는 어떤 생각이나 조건이 있지 않다. 그저 죽지 않고 영원히 살기를 원하는 것이다. 자신이 죽는다는 사실을 이성적으로는 알고 있지만 그래도 무조건 계속 살고 싶어 한다. 사람들은 왜 이런 욕구를 갖는 것일까? 그 이유는 자기 자신의 존재만이 삶에 의미를 부여한다고 보기 때문이다. 삶은 내가 있어야 의미가 있는 것이기에 내가 없어진다면 아무 의미가 없게 된다고 보는 것이다.

인류는 이 문제를 풀 수 있는 방법을 찾기 시작했다. 그 중 가장 효율적인 방법은 다양한 교리를 지닌 종교를 '만들어내기' 시작한 일이라 할 수 있다. 인간은 그렇게 종교를 만들고 영혼이나 내세와 같은 개념을 창출해 교리를 구축했는데, 그 교리에 따르면 인간에게는 육체와 구별되는 영혼이 있다. 영혼은 육체가 소멸한 후에도 잔존해 물질계와는 다른 세계로 가게 된다. 이와 같은 주장은 세계의 이른바 원시 primal종교들이 주로 설파던 것이다. 이 종교들이 설파한 신념에 의하면 우리는 죽어 영의 형태로 조상들의 세계로 가며, 거기서 그들과 합류하게 된다.

인류는 여기서 그치지 않고 불교와 기독교, 이슬람교와 같이 세계종교라 불리는 것을 만들어냈다. 이 종교들은 원시종교보다 좀 더 세련된 교리를 제시했다. 예를 들면 살아 있는 동안 했던 일들, 즉 선행을 하거나 어떤 확고한 믿음을 갖거나 하는 등의 행동에 따라 사후에 그 영혼이 가는 곳이 결정된다는 주장 등이 있다. 이를 대표하는 가장 일상적인 믿음의 예는 '예수를 믿는 특정한 행동을 하면' 죽어서 기독교가 말하는 천당에 가며, 그곳에서 '(주님과 함께) 영원한' 삶을 살게 되는 영생을 얻게 된다는 것이다. 이러한 믿음을 만들어내면서 인류는 죽음의 문제를 해결하고 영생불멸의 꿈을 실현시키는 듯했다.

그것은 영생이
아니다

인간이 영원히 사는 일을 성취했으니 종교는 그 역할을 잘 해낸 것처럼 보였다. 영혼과 내세의 존재를 긍정적으로 제시함으로써 종교는 인간의 궁극 문제인 죽음의 문제를 모두 해결한 듯했다. 인간의 영생과 불멸을 향한 희구가 이렇게 간단하게 풀린 것이다. '믿음을 가진' 나는 이제 종교 교리 덕분에 죽지 않고 영원히 살 수 있게 되었다. 그런데 이러한 믿음을 갖고 있는 신자들이 과연 영생을 얻은 것일까? 종교 신자들 대부분은 그 믿음을 통해 자신이 구원을 받았다고 생각한다(이와 관련해 불교 신자들은 조금 다르게 생각한다는 점을 밝혀둔다). 그리고 관습적으로 예배나 법회 등에 참석하면서 종교 기관에서 제시하는 삶을 따라간다.

그런데 이러한 신자들의 일상은 어떠한가? 주님을 영접해 영생을 확약 받고 아미타불을 염송해 죽은 뒤 극락인 서방정토에 가는 것은 떼어 놓은 당상인데, 평상시의 삶은 달라진 게 하나도 없지 않은가? 여전히 주위 사람들과 각을 세우면서 싸우고 화내며 불만 가득한 삶을 살아가고 있지 않은가? 또 내 돈은 십 원도 손해 보기 싫고 명품만 갖고 싶고 주식이나 부동산에만 눈이 돌아간다. 이처럼 삶의 변화가 없는 신자들은 교회나 절에서 가르치는 사랑이나 자비를 강 건너 불 보듯 할 뿐이다. 내가 죽음을 극복하고 영원한 삶을 얻었다는데 사는 건 왜 이 꼴일까? 왜 하나도 변하지 않는 것일까?

여기에는 많은 이유가 있겠지만 그 중 하나는 종교에서 말하는 영원이나 불멸을 잘못 이해했기 때문이다. 영생을 앞서 설명한대로 이해해버리면, 그 사람은 영생에 대해 틀리지는 않지만 유치하고 수준 낮은 견해를 지니게 된다. 진정한 발전을 위해서는 그러한 이해를 반드시 극복해야 한다. 안타깝게도 종교를 믿는 사람들 대부분은 이처럼 낮은 수준의 견해를 견지하고 있는데, 그 이유는 간단하다. 보통 사람들은 영원이라는 개념을 이해하기 힘들기 때문이다. 우리는 상대적 세계에만 머물러 있기 때문에 그것을 뛰어넘는 절대적 세계를 이해하기란 매우 어려운 일이다.

사람들은 영생을 너무 간단하게 생각한다. 그저 시간만 연장하면 되는 줄 알기 때문이다. 그러나 시간은 언젠가는 반드시 끝이 나고 또 다른 시간이 시작된다. 시간이 있는 한 그 상태는 유한하다. 영원은 시간을 초월해야 '다다를' 수 있는 경지다. '다다르다'라는 말도 사실은 잘못된 표현이다. 영원은 점진적으로 접근해 도달할 수 있는 곳이 아니기 때문이다. 영원은 무시간성, 즉 시간이 없어지는 것이기 때문에 서서히 가서 도달하는 곳이 아니라 현재 있는 곳에서 체험하는 것이다. 이렇게 잠깐 살펴보아도 영원이라는 개념은 이해하기 어렵다. 우리가 평상시 생각하는 그 단어의 의미와 매우 다르기 때문이다. 이 내용은 앞으로 보다 상세히 논의할 것이다.

종교는 그 근원을 파내려갈수록 알기 어려운 개념이다. 단순히 집 근처 교회에 가서 주님을 고백하고 구원을 받아 천당에 가는 것은 종교의 본령이 아니다. 종교에서 말하는 최고의 경지는 그것과 아무런 관계가 없다. 이러한 믿음은 미신에 가까운 도그마와 같은 것이다. 그런데 기독교 신자 대부분은 이 수준의 신앙에 머물러 있다. 불교 신자들도 상황은 마찬가지다.

그렇다면 그 최고의 경지란 무엇일까? 그것은 앞서 우리가 살펴본 단계 3, 즉 인간의 진화한 의식이 자리한 곳이기도 하다. 이제 그곳을, 그 궁극적 실재를 탐구해보자.

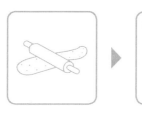

초월, 궁극의 인생 소스

세 번째 단계는 초월이다. 파스타의 맛을 좌우하는 소스처럼, 초월은 삶의 환희를 결정짓는다. 모든 것을 초월해야 환희를 느낄 수 있는 것이다. 인생의 쓴맛을 밀어낼 최고의 맛, 그 맛의 근원이 바로 초월이다. 우리는 자의식을 초월해 궁극의 실재가 된다.

초월

앞서 우리는 인간의 궁극적 문제인 자의식에 대해 살펴보았다. 이제 남은 일은 이 문제를 해결하는 것이다. 이것을 해결할 수 있다면 우리는 마지막 목표에 도달할 수 있을 것이다. 그곳까지 어떻게 가야 할까? 그런데 그보다 먼저 그 목표가 어떤 것인지 알아야 한다. 가야 할 방향을 잡으려면 당연한 일 아니겠는가? 예를 들어 한라산을 등반해 정상인 백록담까지 간다는 계획을 세웠다고 하자. 이 목적을 달성하려면 한라산에 대한 정보를 확실하게 갖고 있어야 한다. 한라산이 어떤 산인지, 즉 높이가 얼마나 되고 기온이 어떤지, 길은 어느 길을 택해야 하는지, 장비나 음식은 무엇을 어떻게 가지고 가야 하는지 등을 확실하게 알고 있어야 실수하지 않고 준비할 수 있다.

그렇다면 궁극적 문제가 해결된 마지막 목표는 무엇일까? 그 목표는 다름 아닌 궁극적 실재라 할 수 있다. 궁극적 실재에 이르는 길고 지난한 길을 헤매지 않고 가려면 그 실재에 대해 제대로 알아야 한다. 그렇지 않으면 중간에 다른 곳으로 빠질 수도 있다. 이 길, 즉 궁극적 진리를 향해 가는 길은 인간이 가는 길 가운데 가장 어려운 길이라 엄청나게 헤맬 수밖에 없다. 그럴 때마다 궤도를 수정하려면 궁극적 실재에 대한 지식이 필요하며, 그 앎을 방향 삼아 지금 내가 가고 있는 길이 얼마나 엇나갔는지 혹은 지니고 있는 생각이 얼마나 틀렸는지 알 수 있다.

이처럼 문제를 파악하고 달성해야 할 목표를 제시하며, 그 다음 해결 방법을 설명하는 방식은 앞서 본 불교의 사성제 즉 '고집멸도'와 그 순서가 같다. 필자는 사실 사성제가 전개되는 순서에 의문을 갖고 있었다. 왜냐하면 고집멸도 가운데 '고'와 '집'의 내용과 순서는 동의할 수 있는데 '멸'과 '도'는 그 순서가 바뀌지 않았나 하는 생각이 들었기 때문이다. 고는 '사는 것은 괴롭다'라는 인간 실존의 현상을 말해준다. 이러한 고를 없애기 위해 왜 괴로운지를 정확하게 알려주는 단계가 집이다.

문제는 그 다음이다. 고통의 원인을 알았으면 그 원인을 제거하면 된다. 이른바 방법의 문제다. 종교적 용어로는 고통을 벗어나 구원으로 가는 길이라 할 수 있다. 우리는 이 길을 밟아야 궁극적 구원이라는 마지막 목표에 도달할 수 있다. 사성제는 이 길과 마지막 목표를 각각 도와 멸이라 표현하고 있는데 이렇게 되면 사성제의 순서가 멸도가 아니라 도멸이 되어야 하지 않겠는가? 고집과 멸을 이어주는 것이 도이니 말이다. 이러한 이유로 '고집도멸'이 맞지 않을까 하고 생각했던 것이다.

그런데 필자의 생각이 짧았다. 더 생각해보니 사성제의 순서가 맞다는 것을 알 수 있었다. 방금 전 설명했듯 목표를 알아야 거기로 가는 길을 찾을 수 있기 때문이다. 불교에서는 마지막 목표인 멸을 '욕심이 다 없어진 상태' 혹은 '인간의 욕망을 불어서 다 끈 상태'라고 먼저 제시한 후, 그러한 상태로 가기 위한 다음 단계로 도, 구체적으로 팔정도를 제시한 것이다. 물론 이 같은 불교의 전통 교리가 충분한 것은 아니다. 자의식이 없어지지 않는 한 인간의 욕심은 소멸되지 않기 때문이다. 자의식을 소멸시키는 방법이 바로 사성제의 도에 해당하는 것이다. 이것은 나중에 자세하게 살펴볼 텐데, 그 전에 먼저 멸을 제대로 파악해두어야 한다. 자의식이 소멸된 상태, 종교적으로는 신이나 도혹은 공이라 불리는 절대 실재가 바로 멸에 해당하는 것이다. 여기서 절대 실재란 과연 무엇일까? 절대 실재를 이해하는 일은 종교에서, 혹은 우리 삶에서 가장 중요한 문제가 아닐 수 없다.

정치나 경제와 같은 삶의 다른 영역과 종교의 가장 대표적인 차이점은 종교만이 절대 실재에 대해 말한다는 사실이다. 절대 실재를 상정하고 그것을 설명하는 일은 종교의 고유한 업무다. 종교와 가장 잘 어울리는 단어가 바로 절대 혹은 궁극이라는 점만 봐도 그 사정을 알 수 있다. 지금까지 세계에 존재했거나 여전히 존재하고 있는 수많은 종교를 보면 각기 나름대로 절대 실재를 부르는 이름이 있다. 여기서는 주요 세계종교들이 제시한 절대 실재의 이름부터 살펴보자.

절대 실재의
다양한 이름들

한국이 속한 동북아시아에서 이 실재를 지칭하는 이름 가운데 가장 흔한 것은 '도'이다. 이 지역에 사는 사람들은 각기 신봉하는 종교가 달라도 도를 절대 진리로 생각했다. 인도에서도 이 실재를 다양한 이름으로 불렀는데, 가장 대표적인 이름을 꼽으라면 대부분 주저 없이 '브라만'을 말할 것이다. 브라만을 현대적으로 설명하는 말은 많다. 그 중 '절대 지성Supreme Intelligence' 혹은 '절대 의식Supreme Consciousness'이라는 말이 대표적인데, 여기서 주목해야 할 단어는 '지성'이다. 이것을 통해 보면 인도인들이 절대 실재에 인격성을 부여하는 것 같지만 사실은 비인격적 속성이 더 두드러진다. 물론 브라만도 인격적 속성을 갖고 나타날 때가 있지만, 그렇다고 해서 이슬람교와 같은 유일신교에서 말하는 인격신이 되는 것은 아니다. 힌두교와 이슬람교의 신 개념은 매우 다르다.

이에 비해 같은 인도권 종교인 불교에서는 지고의 실재, 혹은 그 실재의 상태를 공이라 불렀고 거기에 인격적 의미를 어느 정도 부여해 부를 때는 법신불(진리의 붓다)로 부르기도 했다. 공이라 부르는 이유는 여러 설명이 가능한데, 그 중 절대 실재는 인간의 언어로 정의할 수 없기 때문에 공이라는 절대 부정의 용어를 사용했다는 설명이 가장 유력하다. 계속 부정하는 식으로 절대 실재를 설명하는 방식은 다른 세계종교에서도 흔히 발견된다. 그 대표적인 것은 말할 것도 없이 힌두교에서 말하는 '네티 네티neti neti'다. 번역하면 '아니다, 아니다'가 되는데 그 뜻은 말하자면 '어떤 것도 아니다'라는 것이다. 그러니까 어떤 것으로 절대 실재를 설명하든 그것은 모두 불충분하거나 틀리기 때문에 계속해서 '(그것은) 아니다, 아니다'라고 하는 것이다.

같은 맥락에서 고대 인도의 승려 용수龍樹[1]가 중론中論을 펼치면서 모든 것을 부정한 것은 잘 알려진 사실이다. 논리적으로 무엇인가를 부정하는 추론의 측면에서 용수를 능가할 사람은 없을 것이다. 그의 부정 정신을 아주 간략하게 보면, 그는 어떤 사안을 제시한 다음 그것이 존재할 수 있는 모든 경우의 수를 들어 하나하나 다 부정했다. 예를 들어 '인간은 환생한다'라는 명제가 있다고 하자. 그는 먼저 나름의 논리를 사용하여 이 명제를 부정한다. 그 다음 반대 명제인 '인간은 환생하지 않는다'를 또 같은 논리로 부정한다. 그런 뒤에는 '인간은 환생하면서 환생하지 않는다'라는 명제를 부정하고(Both A and B를 모두 부정) 마지막으로 '인간은 환생하지 않으면서 환생하지 않는 것도 아니다'라는 명제도 부정한다(neither A nor B를 모두 부정). 이렇게 되면 인간이 환생하는지 아닌지를 논리적으로 따지는 명제의 모든 경우의 수가 부정된다. 용수는 이렇게 부정하면서도 자신의 입장은 밝히지 않았는데, 일정한 입장을 지니게 되면 또 부정당하리라 생각했기 때문일 것이다.

이렇듯 동양 종교들은 부정 정신이 강한데, 이러한 정신은 유신론

---

1   대승불교의 선구자로, 산스크리트어 이름은 나가르주나이다.

전통이 강한 서양 종교에서도 나타난다. 유신론 전통에서 신을 묘사할 때는 물론 부정적 단어보다 긍정적 단어를 더 많이 사용한다. 그러나 기독교의 부정신학에서는 신을 '이러이러하다'라고 설명하지 않고 '이러이러하지 않다'라고 설명한다. 신을 이렇게 설명하는 이유는 충분히 이해가 된다. '신은 이러이러하다'라고 말하는 순간 신이 그러한 속성에 제한되기 때문이다. 어떤 유한한 것에 제한된다는 점은 신의 속성일 수 없다.

부정신학과 같은 태도는 기독교 안에 극소수로 존재하는 신비주의 신학자들에게서 보인다. 대표적 인물로 앞에서도 거론한 에크하르트를 꼽을 수 있는데, 그는 부정의 단어인 공으로 신의 속성을 묘사했다. 이러한 설명은 신의 속성을 차라리 비었다고 묘사함으로써 신이 하나의 속성으로 제한되는 논리를 경계한 것이다.

숭배 받는 신 vs
모든 것을 포괄하는 신

절대 실재를 부르거나 묘사하는 방식은 다양한데, 이 방식은 크게 두 가지 부류로 나뉜다. 이 둘은 다름 아닌 인격적 신과 비인격적 신이다. 잘 알려진 대로 유대교나 기독교, 이슬람교와 같은 중근동의 종교들은 인격신을 숭상하는 대표적 종교다. 그에 비해 불교는 인격신의 요소가 없는 것은 아니지만 공을 절대 실재로 간주하기 때문에 비인격 실재를 숭상한다고 볼 수 있다. 동북아시아 지역에는 비인격 절대 실재가 만연한 편이다. 도, 천天, 태극太極, 무극無極 등은 모두 비인격 실재다.

이에 비해 힌두교의 절대 실재인 브라만은 성격상 인격과 비인격의 측면을 모두 갖고 있다. 브라만은 지성이나 의식이라고 묘사되는 것처럼 비인격의 측면이 강하지만 동시에 형상화되어 숭배의 대상이 되기 때문이다. 인격적 대상이 되어 신도들의 숭배를 받는 것이다. 인도에서 발견되는 수많은 성상聖像이나 성화聖畵가 그러한 모습을 보여준다. 반드시 그런 것은 아니지만 철학자와 같은 지식인들은 대부분 브라만을 비인격적 존재로 생각하는 경향이 있는 반면, 대중은 인격적 존재로 생각해 숭배한다. 인도에서 브라만을 이렇게 양면적으로 이해하는 것은 충분히 이해될 수 있다. 브라만이 진정한 의미에서 절대 실재라고 한다면 모든 것을 포괄해야 하기 때문이다. 그렇지 않고 인격이나 비인격 중 하나만 택하면 다른 하나는 배제된다. 그런 브라만은 더 이상 모든 것을 포괄할 수 없고, 전체가 아니라 부분에 그칠 뿐이기 때문에 절대 실재로서의 지위를 박탈당할 수 있다.

그래서 브라만은 인격과 비인격의 속성을 모두 갖게 되는데 두 속성에는 나름의 장점과 단점이 있다. 인격적 속성부터 보면, 브라만이 인격으로 나타났을 때 가장 큰 문제는 무한한 절대 실재가 그 인격이나 형상에 국한된다는 데 있다. 브라만을 형상으로 만들었을 경우에는 이러한 제한성이 두드러진다. 절대 실재를 유한한 상statue으로 만들었으니 문제가 많을 수밖에 없는 것이다. 이러한 이유로 지식인들은 브라만을 비인격적 존재로 인식하는 경우가 많은데 이 경우에도 문제가 없는 것은 아니다. 비인격적 존재는 종교의 큰 기능인 숭배 혹은 예배의 대상이 되기 어렵다는 단점이 있다. 불교의 공이나 도교의 도를 생각해보라. 경외하는 이를 대하듯 이러한 추상적 개념을 섬기기란 어려운 일이다. 이와 같은 문제 때문에 브라만에게 인격적 속성과 비인격적 속성이 모두 있다고 주장할 수밖에 없었을 것이다.

브라만의 양면성은 이에 그치지 않는다. 브라만은 전통적으로 두 가지 수준으로 나뉜다. 속성이 있는 브라만Brahman with attributes과 속성이 없는 브라만이 그것이다. 산스크리트어로는 각각 '사구나 브라만', '니르구나 브라만'이라 한다. 이렇게 구분한 이유는 간단하다. 브라만이 진정한 절대 실재가 되려면 어떤 속성도 가져서는 안 된다. 어떤 속성이든 하나라도 갖게 되면 그것에 한정되어 모든 것을 품을 수 없기 때문이다. 예를 들어 '브라만은 환희bliss다'라고 정의해보자. 초월의 영역에 속하는 브라만에게는 이원론의 영역에서 생기는 고통이 있을 수 없다. 그런 까닭에 환희라는 속성을 가질 수 있으며, 우리는 브라만과 하나가 될 때 엄청난 환희를 맛보게 된다. 그러나 이렇게 정의를 내려버리면 브라만은 환희에 한정되어 그 특정 개념에 갇히고 만다. 그 결과 환희와 반대 개념인 고통 등을 포함할 수 없게 된다. 다시 말해 모든 것을 포괄하는 전체가 될 수 없는 것이다. 그러한 브라만은 진정한 의미에서 브라만일 수 없다는 결론이 나온다.

이 모순을 극복하고자 브라만은 속성이 없다는 교리가 나온 것이다. 속성이 없으니 어떤 것이든 포괄할 수 있다. 조금 어려워진 것 같지만 예를 들어 설명해보면 금방 이해할 수 있을 것이다. 몸의 기관인 눈에 빨간 색이 포함되어 있다고 하자. 아니면 빨간 색의 렌즈가 끼어 있는 안경을 썼다고 해도 무방하다. 우리 눈이 그 상태에 있다면 그 눈은 다른 색깔은 다 볼 수 있지만 빨간 색은 보지 못한다. 이유는 자명하다. 우리 눈에 이미 빨간 색이 포함되어 있어 그 색깔을 볼 수 없는 것이다. 같은 색깔은 볼 수 없으니 말이다. 브라만의 경우도 마찬가지다. 브라만이 어떤 속성을 갖고 있다면 그 속성은 감지할 수 없기 때문에 전체를 품을 수 없게 된다. 전체를 품지 못하는 브라만은 진정한 의미에서 절대 실재가 될 수 없다.

이것으로 설명이 끝나면 좋겠지만 여기에는 심대한 문제가 있다. 만일 브라만이 이처럼 아무 속성도 없다면 인간은 브라만을 전혀 파악할 수 없게 된다. 그러면 우리는 브라만을 영원히 알지 못하게 되니 이것은 큰 문제가 아닐 수 없다. 인간은 특수자the particulars이기 때문에 어떤 특수한 것만 알 수 있을 뿐 브라만과 같은 보편자the universals는 절대로 감지할 수 없다. 알 수 없는 존재는 우리에게 아무 의미도 없는 존재다. 그렇지 않은가? 브라만이라는 존재가 아무리 우리의 근본이라 해도 그 존재를 전혀 알 수 없다면 우리와 아무 관계가 없는 것이다. 이 문제를 풀기 위해 인간은 고육지책으로 속성이 있는 브라만이라는 교리를 만들어냈다. 속성이 있어야 브라만을 파악하는 일이 가능하기 때문이다.

절대 실재에 대한 교리가 이렇게 전개되자 인간은 이 실재를 여러 속성으로 묘사하기 시작했다. 예를 들어 '신은 전지전능하다 omnipotent'라든가 신이 없는 곳이 없다는 의미에서 '무소부재無所不在, omnipresent'라고 하는 등의 표현을 생각해보라. 이러한 말은 상투적이기까지 한데, 사실 '전지전능'과 같은 표현은 문제가 있다. 신이 모든 것을 알고 있고 무엇이든 할 수 있는 능력을 갖고 있다는 것이 도대체 무엇을 의미하는지 확실하지 않기 때문이다. 사람들은 그 뜻을 잘 알지 못하면서 그냥 그렇게 쓰고 있는 것이다. 반면 '무소부재'와 같은 개념은 적확한 표현인데 여기서 다시금 부정 표현이 쓰인 것에 주목해야 한다.

절대 실재를
어떻게 이해하면 좋을까?

이러한 과정을 거치며 우리는 어떤 속성을 부여함으로써, 완전하지는 않지만 어찌되었든 신을 표현하기 시작했다. 그런데 '속성이 있는 절대 실재'를 말할 때는 언제나 '속성이 없는 절대 실재'가 있다는 점을 기억해야 한다. 이것은 신의 모든 속성은 속성이 없는, 다시 말해 아무것도 없는 비어 있음에서 나온다는 것을 잊어서는 안 되기 때문이다. 그렇게 해야 절대 실재를 온전하게 이해할 수 있다.

예를 들어보자. 유일신 종교에서는 '신은 하나뿐이다'라는 말을 많이 한다. 이것은 우리에게 드러난 속성일 뿐이다. 혹은 우리가 이해하고 싶은 대로 표현한 것에 불과하다. 그런데 드러난 이 속성을 유일한 진리라고 믿으면 당연하게도 다른 종교에서 말하는 신은 다 틀린 것이 된다. 내 신만이 존재하니 다른 종교에 있는 신은 모두 가짜가 된다. 이러한 태도는 진리에 대해 제국주의적 시각을 갖는 것이다. 진리를 독점하는 것이다.

모든 사람이 이러한 믿음을 지니게 된다면 어떤 일이 벌어질까? 많은 경우 그 다음 나오는 것은 교리 논쟁일 터이고 그것이 더 진행되면 종교 전쟁이 일어날 수도 있다. 내 것만 옳다고 하니 다른 진리관 혹은 신관을 가진 사람과 싸우지 않을 도리가 없는 것이다. 그러나 이렇게 되었을 때 속성이 없는 실재 개념을 생각한다면 헛된 다툼에서 벗어날 수 있다. 절대 실재란 그 어떤 속성도 없는 '비어 있는' 존재기 때문에 여기서는 신이 하나라는 명제조차 성립하지 않는다. 그러니 교리 가지고 싸우고 말고 할 일이 없다. 신은 속성이 없는 존재라는 생각을 견지하면 나만 옳다고 말할 수 있는 근거가 사라진다.

기독교와 이슬람교를 믿는 신도들 대다수는 '속성이 있는' 신에만 매달려 자신들의 신만이 유일하다고 주장한다. 그 결과 서로를 살상하고 있는데 만일 그들이 '속성이 없는' 신에 대해 생각해본다면 그렇게 하나의 신에만 천착하는 일을 그칠 수 있지 않을까? 물론 매우 이상적인 이야기이기는 하지만 그래도 종교 전쟁을 그만두게 할 수 있는 하나의 가능성으로 제의하고 싶다.

이러한 면에서 볼 때, 동양의 종교들은 매우 발달된 교리 체계를 가지고 있다. 앞서 인도의 예를 보았으니 이번에는 중국의 예를 들어보자. 절대 실재가 이처럼 두 차원에서 나타난다는 것은 중국인들도 깊게 감지하고 있었다. 이것을 표현한 것이 태극과 무극의 교리다. 태극은 음과 양이라는 두 가지 요소로 되어 있으며, 이러한 구분은 우주가 두 가지 요소로 구성되어 있다는 것을 말해준다. 이것은 속성이 있는 실재의 모습이라 할 수 있다. 그렇다면 태극은 과연 어디서 왔을까? 이 질문에 대해 중국인들은 의문이 더 생기는 것을 막기 위해 현명한 답을 생각해냈다.

그 현명한 답이란 바로 무극이다. 태극의 출처가 무극이라는 것이다. 그럼으로써 더 이상 질문할 기회를 소멸시켜버렸다. 그렇지 않은가? 아무 속성도 없는 무극에 무슨 질문을 던지겠는가? 그런데 무극에서 태극이 나왔다고 하지만 이것은 시간의 개념이 아니라 논리적 개념으로 이해해야 한다는 점에 주의해야 한다. 태초에 무극이 있었고 시간이 조금 지나 태극이 나온 것이 아니라는 말이다. 무극과 태극의 관계는 논리적 선후 관계로 파악해야지 시간적 전후 관계로 파악해서는 안 된다. 무극이라는 개념을 통해 태극이라는 개념의 시원을 설명할 수 있다는 의미인 것이다.

이처럼 절대 실재는 이해하는 일이 쉽지 않지만, 단계 3에 이르기 위해서는 이에 대한 이해가 필수적이다. 절대 실재를 이해하지 못하면 우리의 삶도 이해할 수 없다. 이유는 간단하다. 이 실재의 세계는 불이론적 세계 혹은 초인격적 세계를 말하는데 우리의 이원론적 세계는 바로 이 세계에 뿌리박고 있기 때문이다. 우리 세계의 기반은 불이론적 세계다. 물론 물리적 의미가 아니라 형이상학적 의미에서 그렇다는 것이다. 다시 말해 우리 세계 밑에 진짜 이러한 세계가 있다는 말이 아니라 우리 세계를 가능하게 하는 모든 관념이 이 실재의 세계에서 비롯됐다는 의미다.

좀 더 설명해보면, 우리가 사는 상대적 세계는 상대를 초월하는 실재의 세계가 있기 때문에 존립할 수 있다. 어떠한 의미에서 그러한가? 예를 들어 선과 악의 구분을 생각해보자. 우리가 이원론의 세계에서 선과 악을 나누어 이해할 수 있는 까닭은 실재의 세계에 절대선이라는 개념, 혹은 선과 악이 나누어지기 이전의 선이라는 개념이 있기 때문이다. 논리적으로 앞서는 (절대)선의 개념이 없으면 이원론의 세계에서는 선과 악을 분별할 수 없다.

이러한 의미에서 우리는 절대 실재의 세계를 알아야 하는데, 이렇게 해야 하는 데는 또 다른 이유가 있다. 그것은 우리가 본능적으로 이원론의 세계를 넘어 불이론적 실재의 세계로 가려 하기 때문이다. 사람들 대부분은 이원론의 세계에 얼마나 많은 문제가 있는지 아주 잘 알고 있기에 무의식적으로 이 세계를 떠나 실재의 세계로 향하려는 욕구를 갖고 있다. 그것은 거의 본능적 욕구라 할 수 있다. 대부분은 이 욕구를 의식하지 못하지만 그들의 무의식은 잘 알고 있다. 이 욕구가 실현되지 않으면 '궁극적' 행복을 맛볼 수 없다는 것을 말이다.

이와 같은 맥락에서 보면 인간에게 절대 실재에 대한 지식은 필수적이다. 그 지식은 등대와 같은 역할을 할 것이다. 이원론의 세계에서는 절대 실재의 세계가 전혀 보이지 않는다. 한 치 앞도 보이지 않는다. 두 세계가 달라도 너무 다르기 때문이다. 따라서 실재의 세계를 향해 갈 때는 가이드가 필요한데 이때 절대 실재에 대한 정확한 지식이 있다면 유용하게 쓸 수 있을 것이다. 그 지식은 길을 헤매지 않도록 도움을 줄 수 있다. 마치 어둠 속에서 빛나는 등대처럼 말이다. 그렇다면 이 실재는 도대체 어떤 '것'을 말하는 걸까?

우파니샤드가 전하는
절대 실재

절대 실재는 다양한 특성으로 묘사할 수 있다. 가령 부분이 아니라 전체, 시간이 아니라 영원, 국지가 아니라 전부 등의 특성을 들 수 있다. 사람들은 전체라든가 영원 등의 개념을 자신들이 알고 있다고 생각하기 쉬운데 사실 잘못 알고 있는 경우가 태반이다. 그들은 이원론적 세계의 상식을 통해 이 개념들을 이해하고 있다고 생각하는데 그것은 사실과 거리가 멀다.

절대 실재를 제대로 이해하는 일은 대단히 어렵기 때문에 많은 설명을 필요로 한다. 앞으로 그것을 하나하나 살펴볼 텐데 그 전에 이 실재를 정확하고 간단하게 정의한 내용을 먼저 짚고 넘어가겠다.

어떻게 하면 절대 실재를 가장 간단하게 표현할 수 있을까? 이와 관련해 인도의 경전《찬도갸 우파니샤드》를 살펴볼 만하다. 우파니샤드[2]는 잘 알려진 것처럼 베다 사상의 마지막을 장식하면서 동시에 불교 철학으로 넘어가는 다리 역할을 했다. 불교가 등장할 수 있었던 것은 우파니샤드에서 베다에 들어 있는 주술성을 극복하고 불이론의 철학을 선보였기 때문이다. 우파니샤드의 철학은 보통 '베단타' 철학이라는 이름으로 불리는데 이때 베단타는 베다의 끝을 의미한다. 베다 철학의 정수가 모여 마지막을 형성했고 그것이 그대로 불교에 전달된 것이다. 불교와 같은 세계적 종교 철학이 아무 배경도 없이 나올 수 있었겠는가? 불교가 나올 당시 인도에는 절대 진리를 설하고 있는 영원 철학이 우파니샤드를 중심으로 이미 형성되어 있었던 것이다.

여기서 말하는 우파니샤드는 특정 책을 지칭하는 것이 아니라 같은 계열의 여러 문헌을 통칭해 부르는 이름이다. 우파니샤드는 여러 종류가 있는데《찬도갸 우파니샤드》는 그 가운데 초기에 형성된 우파니샤드로 분류되며, 이 책의 기본 철학은 훗날 인도 철학의 주류를 형성하게 된다.《찬도갸 우파니샤드》의 기본 철학을 간략하게 정리해 보자. 이 세계에는 절대 의식(브라만)만이 존재하는데 이것이 인간의 의식(아트만)이 되면서 온갖 생각을 불러일으켰다. 생각은 우리가 지금 알고 있는 이 세계인 사바세계를 만들어냈는데 그것은 환상에 불과하다. 그런데 우리는 이 환상을 참된 것(眞)으로 생각하기 때문에 항상 괴롭다. 따라서 우리가 궁극적으로 추구해야 할 것은 생각이 만들

---

2 우파니샤드의 뜻은 보통 '스승 곁에 가깝게 앉아 전수받는 비밀스런 지혜'로 풀이된다. 추정해보면 절대 실재에 대한 지식은 이해하기 매우 어렵기 때문에 이렇게 가깝게, 심지어 스승의 발밑과 같이 지극히 은밀한 곳에서 이루어지는 것 아닌지 모르겠다.

어낸 환상의 세계를 벗어나 원래 더불어 하나였던 브라만으로 돌아가는 것이다. 이것은 이른바 범아일여梵我一如 사상으로, 영원철학과도 맥락을 같이 한다. 자의식이 횡행하는 문제 많은 단계 2를 넘어 불이론의 세계인 단계 3으로 가자는 영원철학의 주장과 맥이 닿고 있는 것이다.

이러한 배경에서 나온 《찬도갸 우파니샤드》에서는 절대 실재를 이렇게 묘사하고 있다. "두 번째 없는 하나One without a second." 이 말은 너무 단순해 이해하기 힘들 지경이다. 절대 실재라고 해서 휘황찬란하게 묘사되어 있을 줄 알았는데 이렇게 간단하게 설명이 끝났다. 아마 이보다 더 간단한 설명은 찾을 수 없을 것이다. 그런데 왜 두 번째가 없는 것이라고 했을까? 조금만 생각해보면 그 답을 알 수 있다. 만일 속성상 대립하는 무엇인가를 하나라도 지니고 있다면 그것은 절대가 될 수 없다. 그렇지 않겠는가? 절대의 외부에, 절대에 포함되지 않는 다른 무엇이 있다면 그 절대라는 것은 상대적 개념이 되어버린다. 절대는 전체기 때문에 절대에서는 어떤 것도 분리될 수 없다. 절대는 모든 것이어야 한다.

이러한 이유로 이성적 지식으로는 결코 절대를 알 수 없다. 어떤 사물을 지식으로 안다는 것은 그 사물을 객관적으로, 혹은 외부에서 바라본다는 것을 의미하는데, 이러한 앎의 방식은 결코 절대에 적용될 수 없다. 이유는 간단하다. 절대는 전체기 때문에 어떤 것도 '절대로' 절대 밖으로 나갈 수 없다. 밖으로 나가 객관적으로 바라볼 수 없으니 우리의 이성으로는 절대를 알 수 없는 것이다. 이 때문에 전통적으로 절대를 아는 길은 직관뿐이라 주장되어왔다. 우리는 추론적 방법이 아니라 절대와 하나가 되어 단번에 깨치는 직관적 방법으로 그 최고의 앎[3]을 성취할 수 있다는 것이다.

장자가 설명하는
절대 혹은 전체

세계 도처에 흩어져 있는 종교 문헌은 절대 실재를 설명하고 있다. 그 중 중국의 장자가 제시하는 설명은 한자문화권에 속한 많은 이들의 비상한 관심을 끈다. 장자의 극명한 한자 표현들은 한자에 익숙한 동북아시아 사람들에게 매우 귀중한 정보를 준다. 그가 사용하는 단순 명료한 표현들은 한자가 아니면 가능하지 않을 것이다. 바로 이것이 한자의 매력이다.

앞서 말했듯 사람들 대부분이 전체라는 개념을 잘못 생각하고 있는데, 무엇보다도 전체를 부분의 합으로 생각한다는 점이 그렇다. 우리는 전체와 부분을 생각할 때 흔히 피자 한 판이 여러 조각의 피자로 구성되어 있는 모습을 떠올린다. 각각의 피자 조각이라는 부분이 모이면 한 판의 피자라는 전체가 형성된다는 것이다. 그런데 이것은 상

---

3 여전히 '안다'라는 뜻의 앎이라는 단어를 쓰지만, 이것은 어쩔 수 없이 쓰는 것이다. 안다는 것은 주객이 분리되었을 때 가능한데 절대의 영역에는 주객의 분리가 없으니 안다는 행위는 가능하지 않다. 그러나 우리가 처한 이원론의 영역에서는 이런 식의 표현밖에는 허용되지 않는다.

대 세계의 전체지 절대 세계의 전체가 아니다. 절대 세계의 전체는 상대가 없다. 그런데 이 피자의 경우는 어떠한가? 개체로서의 피자는 전체처럼 보이지만 그 피자 옆에는 다른 피자가 있다. 다른 판의 피자가 있다는 것이다. 다른 피자의 입장에서 볼 때 그 피자는 상대적인 것에 불과하다. 이처럼 이원론의 세계에서는 모든 것이 상대적이기 때문에 절대란 존재할 수 없다.

이와 같은 원리는 원자나 분자와 같은 사물의 구성에도 적용될 수 있다. 분자는 수많은 원자로 구성되어 있다. 분자 입장에서 볼 때 원자는 부분에 불과하지만, 원자의 입장에서 보면 이 분자는 전체처럼 보일 수 있다. 자신의 상위 구조기 때문이다. 그러나 이 분자 바로 옆에는 다른 분자가 있다. 그래서 이 분자는 전체가 아니라 다시 부분이 되어 옆의 분자들과 더불어 다른 상위 조직을 형성하게 된다. 이처럼 상대 세계에서는 어떤 사물이든 그것만 홀로 전체가 되지 못하고 부분에 그치게 된다.

'어떤 것'이 진정한 절대가 되려면 상대가 없어야 한다고 했다. 이 것을 장자는 '(진정한) 전체는 자신에게 자신을 감출 수 있다'라는 식으로 표현했다. 좀 더 쉽게 표현하면 전체는 자신에게 자신을 넣을 수 있다는 것이다. 평소 접하지 않는 표현이라 처음에 들으면 생경하겠지만, 한 번만 더 생각해보면 대단히 탁월한 표현인 것을 알 수 있다. 전체란 가장 큰 것이다(사실 이 표현도 그리 바람직하지 못하지만). 전체보다 더 큰 것은 없다. 만일 자신이 어떤 것에 들어갈 수 있다면 그것은 자신보다 더 큰 존재가 된다. 그렇게 되면 그 자신은 전체가 될 수 없다. 전체는 자신만이 자신에게 들어가는 존재기 때문이다. 물론 이 표현에도 어폐가 있다. '들어간다'라든가 '존재'라든가 하는 단어들은 모두 상대 세계에만 통용되는 것이라 전체를 서술하는 데 어울리지 않다. 그러나 이렇게라도 표현하지 않으면 전체를 표현할 수 있는 길이 없다.

《장자》에서는 전체를 "지대무외至大無外"라는 아주 간단한 문구로 표현했다.[4] 이 표현은 참으로 놀랍다. 단 네 글자로 가장 큰 것을 표현했기 때문이다. 한자와 같은 뜻글자만이 복잡한 것을 이렇게 간명하게 설명할 수 있으리라. 그렇다! 지대, 즉 가장 큰 것은 밖이 있으면 안 된다. 어떤 것에 밖이 있다는 것은 그것보다 더 큰 것이 있다는 의미니 그 어떤 것은 가장 큰 것이 될 수 없다. 밖이 없는 존재는 도대체 어떤 존재일까? 인간의 머리로는 그 개념이 잡히지 않을 것이다. 그 이유를 추정하는 일은 그다지 어렵지 않다. 인간은 이 개념을 이해하기 위해 생각을 해야 하는데, 생각은 이원론의 영역에 있기 때문에 그것을 초월한 영역의 것은 이해할 수 없다. 우리는 항상 '무엇이 무엇보다 크다 혹은 작다'라는 식의 상대적 표현 방식으로 사물을 이해하기 때문에 상대의 영역을 뛰어넘는 절대 영역은 처음부터 파악조차 되지 않을 것이다.

절대 실재에 대한 설명은 여기서 끝나지 않는다. 사람들은 가장 큰

---

4 이 표현은 《장자》 잡편 〈천하〉 장에 나오는데 사실 장자가 한 표현은 아니다. 혜자 즉 혜시(惠施)가 말한 것인데 그는 장자와 매우 가까운 사이였던 것으로 추정된다.

것을 지대라고 한 것을 듣고 또 큰 것에 집착할 수 있다. 그래서 절대란 크고 큰 어떤 존재라고 생각할지 모른다. 얼마나 큰 것인지 모르면서 그냥 막연하게 대단히 클 것이라고 생각하는 것이다. 사람들이 이처럼 큰 것에 매달리는 현상을 방지하기 위해 장자는 다시 가장 작은 것에 대해 언급했다. 그럼으로써 사람들이 큰 것에 고착하는 마음을 날려 보내려 한 것이다. 절대 실재는 이 세상에서 가장 큰 존재지만 동시에 가장 작은 존재라고 말하는 것이다. 이와 같은 방식으로 장자는 지대 혹은 전체라는 것은 크고 작다는 식의 이원론을 뛰어넘어 있다는 것을 표현하고 있다.

그러면 세상에서 가장 작은 것을 어떻게 표현할 수 있을까? 아주 간단하다. 안이 없으면 된다. 장자는 이것을 "지소무내至小無內"라 표현했다. 어떤 존재에 안이 있다는 것은 그 안에 다른 것이 들어갈 수 있다는 것을 의미한다. 그렇게 되면 이것은 가장 작은 것이 될 수 없다. 자신 안에 들어가는 더 작은 것이 있으니 말이다. 그래서 가장 작은 것은 안이 없다고 한 것이다. 밖이 없다는 '지대'도 이해하기 힘들었지만 '지소'도 이해하기 쉽지는 않다. 안이 없다는 게 대체 무슨 뜻일까? 안이 없다면 그 존재는 '없는 존재'가 아닐까? 그런데 '없는 존재'라는 것은 벌써 말 자체가 모순된다. 그렇지 않은가? 존재라면 있는 것을 말하는 것인데 어떻게 없다고 할 수 있겠는가? 이처럼 절대 실재는 언어로 표현하려고 하면 자기모순에 빠지기 십상이다.

이렇듯 지대나 지소와 같은 개념은 우리가 사는 이원론의 세계에서는 실제적 방식으로 존재하는 것이 아니다. 상대의 세계에서 존재할 수 있는 것이 아니기 때문에 단지 개념으로만 파악할 수 있을 뿐이다. 상대의 세계에서 절대 세계나 실재를 체험하는 것은 지극히 이례적인 일이다. 우리가 사는 세계에서 이러한 절대의 세계를 맛보려면 아마 자신을 잃어버리는 망아경의 상태에 들어가는 것이 가장 좋은 방법일 것이다. 그 상태에서 우리는 이성적 사고를 그치고 전체와 하나가 되면서 직감으로 전체를 느끼게 될 것이다.

영원한 현재

이제 절대 실재가 시공간과 어떤 관계를 갖는지 살펴보자. 시간과 공간은 말할 것도 없이 상대 세계에서만 가능하다. 따라서 상대성을 초월한 절대 실재가 어떤 시간에만 혹은 어떤 장소에만 존재하는 일은 있을 수 없다. 그렇게 된다면 그것은 절대 실재가 아니라 상대적 개체다. 일정한 시간에만 존재하고 한정된 장소에만 있는 것은 특수자이지 보편자일 수 없다. 그러한 맥락에서 보면 절대 실재는 무시간성과 무공간성을 띤다고 할 수밖에 없을 것이다. 여기서 말하는 '무'는 없다는 의미가 아니라 넘어선다는 의미로 보아야 한다. 다시 말해 절대 실재는 시간과 공간을 넘어선다. 넘어서지만 보편자는 특수자의 세계를 떠나지 않는다. 아니 특수자의 세계는 보편자가 있기 때문에 가능한 것이니 보편자는 특수자가 있는 이 세계를 떠난 적이 한 번도 없다. 그러나 동시에 보편자는 특정한 곳에 있지 않다고 이야기해야 한다.

이러한 생각은 절대 실재인 보편자를 이해하려 할 때 대단히 중요하다. 지금부터 이를 설명할 텐데 먼저 무시간성을 살펴보자. 보편자의 특성을 이야기할 때 가장 많이 나오는 개념은 영원이라는 개념이다. 이것은 사람들이 '신이나 도는 영원하다'라는 식의 표현을 많이 하는 것으로 그 정황을 알 수 있지 않을까? 특히 신이 영원하다는 말은 귀에 못이 박히게 들은 표현이다. 이와 같은 일반적 표현을 조금만 더 따져보면 영원이 무엇인지 정확하게 알고 있는 사람이 거의 없다는 결론에 이르게 된다. 아니 정확하게 알지 못하는 정도가 아니라 반대로 알고 있으니 문제다. 그러면서도 자신의 의견은 틀리지 않다고 생각하고 있으니 문제가 심각하다.

영원의 반대말은
순간이 아니다

종교는 대부분 신자들에게 영생을 약속한다. 우리에게 친숙한 기독교가 대표적인데, 기독교인 대다수는 자신이 이미 영생을 얻었다고 생각한다. 어떻게 얻었다는 것일까? 육신은 이승에서 죽지만 영혼이 살아남아 천국에서 영원히 산다고 생각하는 것이다. 기독교도뿐 아니라 불교도도 비슷한 상황이다. 죽으면 그들의 천당인 극락에 가서 영원히 산다고 생각하는 것이다. 환생이 있다는 점에서 조금 다른 면이 있지만 내 자신이 영원히 지속된다는 점은 기독교도의 생각과 다르지 않다.

그런데 이들이 주장하는 것은 영생이 아니다. 영원이 아니라는 말이다. 논리적 관점에서 보면 세상에 존재하는 모든 것은 시작이 있으면 반드시 그 끝이 있다. 그러니까 시작과 끝은 동전의 양면과 같은 것이라 항상 같이 간다. 생각해보라. 고등학교를 졸업하면 대학교가 있고 대학교를 졸업하면 직장이 있다. 이처럼 어떤 것이 끝나면 그 뒤에는 새로운 것이 시작되게 마련이다. 이것은 이원론의 세계에 사는 인간이 수용하고 살아야 하는 현실이다.

이러한 논리로 이들의 믿음을 분석해보자. 그 믿음에 따르면 이들은 죽은 다음 천국이든 극락이든 어딘가에 들어갈 것이다. 지상에서의 삶을 마친 다음 육신을 벗고 영(혹은 중음신)의 형태로 들어가는 것이다. 이렇게 시작되었다면 반드시 끝이 있는 법이다. 시작은 있는데 끝이 없는 것은 존재하지 않는다. 끝이 없으려면 시작도 없어야 한다. 시작한 것에는 반드시 끝이 있다는 논리는 천당 생활에도 적용된다. 천당 생활이 시작됐다면 그것은 언젠가는 끝날 것이다. 어떤 것이 시작된 이상 끝난다는 운명에서 벗어날 수는 없다.

사람들이 일반적으로 갖고 있는 영원 개념이 잘못되었다는 것을 아는 방법은 아주 간단하다. 단순한 질문 하나만 던져보면 된다. 영원의 반대 개념은 무엇인가? 이 질문을 하는 이유 역시 단순하다. 영원이라는 단어의 개념을 정확하게 이해한다면 그 반대 개념도 정확하게 집어낼 수 있기 때문이다. 이 질문을 받는다면 대부분 잠시 머뭇거리지도 않고 영원의 반대 개념은 '순간' 혹은 '찰나'라고 대답할 것이다. 그러고는 그렇게 쉬운 질문을 왜 했는지 의아해할 것이다. 그러나 그 대답은 틀렸다.

순간이나 찰나는 오히려 영원의 동의어다. 반대 개념을 말하라고 했는데 오히려 같은 개념을 말한 것이다. 이것은 영원을 이해하지 못했기 때문에 나온 답이다. 순간은 부분이고 이 부분을 계속해서 이으면 영원이 된다고 생각한 것이다. 이러한 오해는 '전체는 부분의 합'이라는 생각에 근거를 두고 있다. 순간이라는 부분을 끝없이 합하면 영원이라는 전체가 된다는 논리인데, 이 생각은 피자 한 판을 떠올릴 때는 맞다. 여러 조각의 피자를 이으면 큰 피자 한 판이 되기 때문이다. 그런데 피자 한 판도 전체가 될 수는 없다고 했다. 또 다른 피자 한 판이 부지기수로 존재하기 때문이다. 어떻든 이 논리를 그대로 적용하면 순간을 아무리 이어보아야 그 합은 전체인 영원이 될 수 없다.

그러면 답은 무엇일까? 시간이다. 영원의 반대 개념은 시간이다. 아무리 길어도 시간에는 항상 시작과 끝이 있기 마련이다. 과학적으로 따져볼 때 현재 우리가 생각할 수 있는 가장 오래된 시간은 이 우주가 시작되었다고 하는 빅뱅의 순간이 아닐까? 약 137억 년 전 순간 말이다. 물론 인도 종교에서 말하는 겁劫이라는 시간도 있지만 그것은 종교적 비유니 거론하지 않기로 한다. 137억 년은 실로 대단한 길이의 시간이다. 100년도 살지 못하는 인간의 입장에서 보면 도대체 가늠이 안 된다. 그러나 그 시간이 아무리 긴들 그 시간에는 시작이 있었다. 137억 년 전에 시작됐으니 말이다. 시작이 있기 때문에 여기에는 반드시 끝이 있기 마련이다. 그래서 이 우주는 어떠한 식으로든 끝이 날 것이고 어떠한 형태가 될지 모르지만 새로운 시작을 맞이할 것이라

추정할 수 있다.

사람들이 영원이라는 개념을 잘못 알고 있는 이유는 무한과 유한의 관계를 제대로 파악하지 못했기 때문이다. 유한을 아무리 불려봐야 그것은 무한이 되지 못한다. 어떤 것이 아무리 커도 그것보다 조금 더 큰 것보다는 작다. 숫자를 이용해 좀 더 쉽게 설명해보자. 숫자 1에 0을 계속해 붙이면 매우 큰 숫자가 될 수 있다. 예컨대 10의 1,000제곱이라면 엄청나게 큰 숫자일 것이다. 그러나 그렇게 0을 끊임없이 붙이더라도 그것은 유한일 뿐 무한이 될 수 없다. 사실 0을 무한대로 붙인다는 말 자체가 어불성설이다. 왜냐하면 1과 0이라는 숫자가 이미 유한하기 때문이다. 그런 것은 아무리 많아도 유한에 그친다. 이 숫자가 아무리 크다고 한들 그것보다 더 큰 숫자가 존재한다. 그렇지 않겠는가? 아무리 0을 많이 붙여도 그 숫자 마지막에 있는 0을 떼고 1을 붙이면 이 숫자는 0만 있는 숫자보다 더 크게 되지 않겠는가? 1밖에 크지 못하지만 어쨌든 큰 것은 큰 것이다. 숫자로 존재하는 한 그것은 유한하다. 숫자는 이원론적 영역에만 존재하기 때문이다.

사람들이 잘못 생각하는 것이 또 있다. 시간의 영역 즉 유한의 영역을 무한의 영역과 같은 차원에서 생각하는 것이다. 이것이 무슨 말일까? 사람들은 보통 우리의 영역은 여기에 있고 영원의 영역은 저기에 있어 우리가 노력하면 그 영원의 영역으로 들어갈 수 있다고 생각한다. 이것은 종교를 믿는 이들이 생각하는 것과 같다. 그들은 자신들이 신앙생활을 열심히 하면 천국이든 극락이든 영원한 복락을 누리는 세계로 들어간다고 생각하는데 이것 역시 잘못된 생각이다. 유한한 세계와 짝을 이루는 세계는 영원의 세계가 될 수 없기 때문이다. 유한한 세계와 병립해 존재하는 것은 절대로 무한이 될 수 없다. 따라서 천국이나 극락은 말할 것도 없이 유한의 세계라 할 수 있다.

이처럼 보통 사람들이 '무한'이나 '영원'의 개념을 이해하기란 버거운 일이다. 세상의 모든 것을 비교를 통해 이해하는 이성적 사고로는 이것을 이해하는 것이 애당초 불가능하다. 이것은 예를 들어 설명해야 하는데, 사례들이 모두 상대적 영역의 일이기 때문에 비판에서 완전하게 벗어날 수 없다. 그 한계를 감안하면서 방이 무한대로 있는 특이한 호텔을 예로 들어보자.

손님이 많이 와서 호텔 방이 다 찼기 때문에 빈방이 없다고 하자(무한대가 다 찼다는 것이 어폐가 있지만 그냥 지나치자). 그런데 느닷없이 손님 한 명이 더 와서 방을 달라고 한다. 우리가 사는 세상에서 이런 일이 벌어진다면 이 손님에게 방을 줄 수 있는 방법은 없다. 방을 새로 만들지 않는 이상 방법이 없는 것이다. 그러나 이 호텔처럼 방이 무한대로 있을 때는 매우 간단한 해결책이 있다. 각 방의 손님을 그 다음 방으로 옮기면 되기 때문이다. 1호실 손님은 2호실로, 2호실 손님은 3호실로… 이렇게 끝까지 하면 된다. 이렇게 하면 1호실은 비게 되니 새 손님에게 이 방을 주면 된다. 방이 모자랄 것이라는 걱정은 하지 않아도 된다. 말 그대로 방이 무한대로 있기 때문이다. 무한은 이와 같다. 유한을 무한에 아무리 집어넣어도 무한은 항상 무한으로 남는다. 이처럼 무한과 유한은 아예 차원이 다르기 때문에 같은 수준에서 이야기하면 안 된다.

그런데 이때 또 느닷없이 새 손님이 무한대로 왔다고 생각해보자. 물론 이것도 있을 수 없는 일이지만 비유로만 생각하자. 이 손님들에게 방을 어떻게 제공할 수 있을까? 방이 다 차 있는데 손님이 또 그 방의 숫자만큼 왔으니 난감한 일이 아닐 수 없다. 그러나 이 호텔은 방이 무한대로 있기 때문에 해결책은 간단하다. 모든 객실의 손님을 각 객실 번호의 2배가 되는 번호를 가진 방으로 옮기면 된다. 그러니까 1호실 손님은 2호실로, 2호실 손님은 4호실로, 3호실 손님은 6호실로 옮기는 것이다. 이 일을 계속하면 먼저 온 손님이 있던 방들은 모두 비워져 다시 방이 무한대로 생긴다. 그 빈 방들에 무한대로 온 손님을 넣으면 문제를 깨끗하게 해결할 수 있다. 무한에는 유한이 그야말로 무한대로 들어가기 때문에 이러한 비유는 얼마든지 가능하다. 무한은 유한과 이렇게 다르다. 달라도 완전히 다르다.

시간은 저절로
존재하지 않는다

이번에는 영원의 반대 개념인 시간을 살펴보자. 여기서는 조금 다른 관점에서 시간을 분석해보려 한다. 시간이라는 것은 인간에게만 존재한다고 했다. 인간만이 자의식을 지니고 있기 때문이다. 인간은 이전의 나와 지금의 나를 구분할 수 있는데, 이전과 지금 사이의 간격을 시간이라 부른다. 이러한 구분은 기억할 수 있는 능력 덕분에 가능한데,

기억은 시간이 축적된 것 이상도 이하도 아니다. 그러니까 시간은 인간의 의식 구조에서 생기는 부산물이나 부속물이지 객관적으로 존재하는 어떤 것이 아니다.

많은 사람이 시간과 관련해 가장 흔하게 갖는 환상은 시간이 객관적으로 존재하며 과거로부터 현재를 거쳐 미래로 흘러간다고 생각하는 것이다. 그런데 앞서 말한 대로 시간이란 우리의 뇌리에서만 존재하는 것으로 실체가 없다. 실체가 없는 것이 과거로부터 미래로 흘러갈 수는 없는 노릇이다. 물리학자들도 이를 증언하고 있는데, 그들에 의하면 과거-현재-미래라는 시간의 시점은 순차적으로 존재하는 것이 아니라 동시에 존재한다. 과거와 현재와 미래가 동시에 있다는 말은 과연 무슨 뜻일까? 어떤 상태인지 아무리 생각해도 그 이미지가 떠오르지 않는다. 이원론에 깊게 뿌리 박혀 있는 우리의 자의식으로는 이것을 이해하기 힘들다.

시간이 우리의 의식에서 독립해 존재하는 것이 아니라는 증거는 더 있다. 의식 상태에 변화가 생기면 시간 개념이 달라지기도 한다. LSD와 같은 환각제를 복용한 사람을 보면 의식 상태의 변화가 쉽게 관찰되는데, 가장 먼저 나오는 변화는 자의식의 경계가 흐려지는 현상이다. 평상시 의식 상태에서는 나와 외부 세계의 경계가 뚜렷하게 느껴지는데 환각제를 복용하면 그 경계가 약해지는 것이다. 그래서 평상시에는 경험하지 못했던 일을 체험하게 된다. 앞에 있는 사람의 마음이 읽히는 것 같기도 하고 옆에 있는 나무와 동질감을 느끼기도 한다. 그러면서 일정한 환희를 맛보게 된다. 환희를 느낄 수 있는 이유는 비록 낮은 수준이지만 자의식에서 조금이나마 해방되었기 때문이다. 평소 우리는 자신을 자의식이라는 감옥 안에 가두어놓고 무의식적으로 옥죈다. 나와 외부를 지나치게 분리해놓는 것이다. 그러던 것이 환각제 덕분에 그 경계가 다소 허물어지자 해방감을 맛보게 되는 것이다. 물론 이때 느끼는 해방감은 수준이 그리 높지 않다. 환각제로 도달할 수 있는 경지는 그다지 높은 것이라 할 수 없다.

환각제 체험을 통해 종교에서 말하는 절정 체험이 어떤 것인지 유추해볼 수 있다. 절정 체험에서 우리는 온 우주와 하나 됨을 느끼고 삼라만상의 본 모습을 보게 된다. 이 체험을 절정 체험이라 하는 이유는 이때 최고의 쾌락을 맛볼 수 있기 때문이다. 이것은 나와 외부를 나누는 구분이 완전히 사라졌을 때만 가능하다. 장자가 말하는 천지와 하나가 되는 진인의 경지인 것이다. 선사들이 깨달았을 때도 같은 체험을 하게 된다. 그런데 우리는 이러한 체험에 대해 조금도 알지 못한다. 자의식 안에 완전히 갇혀 있기 때문이다(자신의 생각에 갇혀 있다고 하는 것이 더 옳은 표현이기는 하다). 이러한 절정 상태와 환각제를 먹었을 때 느끼는 감각은 엇비슷하다. 헉슬리는 이 점을 누구보다 잘 알고 있었다. 그는 선인장 추출물로 만든 메스칼린이라는 마약을 먹고는 그때 겪은 체험을 책으로 출간했다.[5]

---

5 이 체험기의 국내 번역본은 《지각의 문-천국과 지옥》(권정기 역, 김영사, 2017)이다. 그 외 환각제를 통해 인간의 의식을 깊게 연구한 사람 중 한국에 잘 알려진 이는 스타니슬라프 그로프(S. Grof)다. 그의 저서 중 국내에 소개된 것으로 《초월의식-환각과 우연을 넘어서》(유기천 역, 정신세계사, 2018); 《초월의식2-코스믹 게임》(김우종 역, 정신세계사, 2018)이 있다.

환각제를 복용하는 동안 우리의 의식에 많은 변화가 생기는데 특히 시간 감각이 달라진다. 이 체험을 한 사람들의 증언에 따르면 시간이 평소와 다르게 흘러간다고 하는데 대체로 늦게 흘러가는 경우가 많은 것 같다. 예를 들어 비를 맞았을 때 빗물이 눈썹에서 밑으로 떨어지는 장면이 '슬로우 비디오'로 돌리듯 보인다는 것이다. 평소에는 눈썹에서 떨어지는 빗물을 볼 수 없다. 너무 빠르게 떨어지기 때문이다. 그런데 환각제를 복용하면 시간이 늦게 흘러 물방울이 떨어지는 그 짧은 시간이 길게 느껴지고 그 물방울을 목격하게 되는 것이다. 이 사례만 살펴봐도 시간은 우리의 의식과 별도로 존재하는 것이 아니라 의식의 종속 변수라는 사실을 확실하게 알 수 있다.

진짜 존재하는 것은
지금 이 순간뿐

이처럼 시간이 그 자체로 존재하는 것이 아니라면 남는 것은 지금 이 순간이 아닐까 한다. 오직 현재가 있을 뿐이다. 사실 시간은 현재로서만 존재하는 것인데 우리는 기억 속에서 과거를 되살리고 미래를 생각해 과거와 미래가 존재한다고 믿어왔을 것이다. 다시 말해 과거나 미래는 의식 속에서만 존재하는 허구고 정말 존재하는 것은 지금뿐이라는 이야기다. 이것을 모르는 우리는 지금 여기 있지 않고 끊임없이 과거를 생각하면서 후회하고 미래를 생각하면서 불안해한다. 몸은 지금 여기 있는데 생각은 항상 과거나 미래에 가 있는 것이다.

그런데 여기서 이런 질문을 던질 수 있다. 과거는 지나간 것이라 다시 기억해 그때로 갈 수 있지만 미래는 아직 온 것이 아니니 미래로 갈 수는 없지 않을까? 그러나 사실 미래도 생각 속에서만 존재하기 때문에 그것 역시 과거에 속한다고 할 수 있다. 생각된 것은 모두 과거기 때문이다. 그래서 우리 인간은 생각하는 순간 과거에 거하는 것이다. 과거가 아닌 것은 생각할 수 없기 때문이다.

우리의 주목을 끄는 것은 다시 생각이다. 몸은 여기 있는데 생각 때문에 과거로 돌아간다. 그런데 인간은 생각하고 있지 않는 시간이 거의 없다. 항상 무엇인가를 생각하고 있다. 마치 녹음기를 틀어놓은 것처럼 끊임없이 생각한다. 그렇게 과거로 치닫다 보니 지금 여기 백 퍼센트 있지 못한다. 정확히 말하면 조금도 이 순간에 있지 않는다. 그래서 우리는 항상 불안하다. 제 자리에 있지 않고 다른 데로 가 있기 때문이다. 행복해지려면 지금 이 순간에 충실해야 한다. 자기의 전 존재가 지금 이 순간, 여기 있어야 한다. 존재하는 것은 이 순간뿐이기 때문이다. 그렇게 되면 과거에 대해 쓸데없는 후회나 회한을 갖지 않고 미래에 대해서도 섣부른 희망을 갖지 않는다.

이를 두고 옛 현자들은 지금 여기 백 퍼센트 충실한 것이 인간의 구원이라고 주장해왔다. 구원은 죽어 극락이나 천당에 가는 것처럼 먼 미래에 있는 것이 아니라 '지금 이 순간 전적으로 있는 것'이다. 그런데 이러한 순간을 지칭하는 용어가 재미있다. 우리는 보통 순간이라는 개념을 지극히 짧은 시간을 지칭할 때 쓰고 있기 때문에 이 개념은 영원 개념과 어울리지 않는다. 하지만 앞서 말했듯 순간은 영원의 동의어다. 순간과 영원은 같이 갈 수 있는 것이다. 그래서 현자들은 이 순간을 '영원한 현재eternal now 혹은 ever present'라는 서로 모순되는 듯한 용어로 표현했다. 이 용어의 조합은 영원한 것은 현재일 뿐 아무리 시간을 연장해도 영원이 될 수 없다는 점을 말해주고 있다. 이것이 현재와 영원이라는 용어를 같이 쓴 이유일 것이다.

그렇다면 지금 말한 영원한 현재 상태에 비교적 가까이 가 있는 사람들은 누구일까? 그 주인공은 수행을 오랫동안 해서 도를 깨달은 사람이 아니다. 물론 그들도 이러한 경지에 있겠지만 만날 수 있는 기회가 없으니 직접 체험할 방법이 없다. 따라서 우리 주위에서 이러한 경지에 있는 것처럼 보이는 사람들을 찾아야 한다. 그래야 그 경지를 간접적이나마 경험할 수 있지 않을까? 놀랍게도 주위에 그런 사람들이 많이 있는데, 바로 어린 아이들이다. 그들이 사는 모습을 잘 관찰해보면 왜 이러한 경지에 있는지 알 수 있다. 물론 이때 아이들이란 도시 문명에 찌든 작은 어른들이 아니라 아무런 부담 없이 삶을 살아가는 아이들을 의미한다.

아이들은 하루하루를 어떻게 사는가? 그들에게는 오늘만 있다. 과거를 후회하거나 미래를 불안해하는 모습은 잘 보이지 않는다. 과거나 미래에 별생각이 없는 것이다. 아침에 일어나면 바로 놀러 나가고, 어른이 볼 때 아무것도 아닌 것 같은 놀이를 하면서 하루 종일 논다. 해가 떨어지면 집에 돌아와 밥 먹고 졸리면 어떤 작위도 없이 그냥 통나무처럼 잔다. 생각이 많은 어른들이 잠 못 들어 고생하는 것은 언감

생심이다. 잘 때도 현재에 충실하니 옆에서 아무리 떠들거나 깨워도 일어나지 않는다. 그렇게 숙면하고 일어나면 다시 새날이, '새 하늘과 새 땅'이 시작된다. 깨어난 아이들의 몸과 마음은 쾌청하기 이를 데 없다. 몸도 완전히 새로운 몸으로 바뀐 것이다. 누구나 어렸을 때 이러한 체험을 한 적이 있을 텐데, 정말 잘 자고 일어나면 몸이 그렇게 가벼울 수 없다.

이에 비해 어른들은 밤새 꿈을 꾸면서 생각에 시달리느라 잠을 잘 못 잔다. 아니 잠이 오지 않아 고생하기 일쑤다. 생각이 많기 때문이다. 수면의 질이 형편없으면 아침에 일어나도 몸이 전혀 개운하지 않다. 찌뿌둥해 별로 새 날이 온 것 같지도 않고, 그런 몸을 이끌고 억지로 출근길에 나설 뿐이다. 현재에 충실하지 않은 대가란 이런 것이다.

'지금 여기'
산다는 것은?

지금 여기를 사는 사람들은 위에서 말한 아이들처럼 사는 순간순간이 매우 생생하다. 항상 살아 있는 느낌이다. 그래서 언제나 기쁜 마음이 든다. 그러한 사람은 얼굴에서 빛이 난다. 현재를 살고 있기 때문이다. 자기가 살아 있다는 것을 백 퍼센트 느낀다. 마냥 행복하기만 하다. 지금 여기 있는 것이 이렇게 좋은 것이다. 이렇게 살지 못하는 대다수 사람들은 하루하루가 칙칙하고 회색빛이다. 내가 살아 있다는 느낌이

들지 않는다.

사람들은 그처럼 칙칙하게 사는 것이 좋지 않다는 것을 무의식적으로라도 느낀다. 그리하여 여기서 벗어나려 많은 시도를 한다. 그 중 하나는 술을 마시는 일이다. 술은 마약과 같은 구실을 하기 때문에 마시면 기분이 좋아진다. 자아 경계가 미약하게나마 허물어져 마음이 너그러워지고 어느 정도 현재에 머무는 일이 가능해지는 것이다. 술을 마실 때는 과거에 대한 회한이나 미래에 대한 걱정이 조금은 줄어들어 마음이 편해진다. 술을 마셔본 사람이라면 마음의 짐을 잠시나마 덜어본 경험이 있을 것이다. 이렇듯 평상시보다 현재에 있는 느낌이 강하다 보면 기분이 좋아지고 삶이 생생해진다.

이러한 기분을 느끼기 위해 물(술)을 많이 마셔야 한다는 단점이 있기는 하다. 다른 마약성 약물은 조금만 섭취해도 술보다 훨씬 강한 효과를 얻을 수 있다. 더 많은 자극을 얻기 위해 술을 많이 마시면 정신을 잃게 되거나 숙취로 고생하게 된다. 이처럼 술은 그 양을 조절하기가 쉽지 않다. 반면 술은 중독을 피할 수 있다. 다른 마약은 단번에 중독될 수 있지만 술은 그렇지는 않다. 물론 술에 중독되는 사람도 있지만 어떻게 마시는지에 따라 알코올 중독은 얼마든지 피할 수 있다.

그러면 영원한 현재에 있기 위해 우리가 택할 수 있는 방법이 음주밖에 없는 것일까? 걱정할 것 없다. 없기는커녕 아주 많기 때문이다. 사람들은 아이처럼 생생한 삶을 살기 위해 현재에 전념할 수 있는 상황을 인위적으로 만들어내 그것을 즐긴다. 위기 상황을 만들어내는 게임에 골몰하는 것을 예로 들 수 있겠는데, 우리 주위에는 '(비싼 밥 먹고) 왜 저런 짓을 하나'라는 의문을 갖게 하는 게임이 많다. 번지점프나 자동차 경주를 생각해보라. 번지점프는 그나마 위험이 덜하지만 자동차 경주는 잘못하면 목숨을 잃을 수도 있다.

사람들이 이러한 게임을 하는 데는 명백한 이유가 있다. 사람에게 어떤 형태로든 도움이 되지 않는다면 인기를 얻을 수 없을 것이다. 이러한 게임의 매력은 무엇일까? 인간은 위기에 봉착하면 자신의 과거나 미래에 신경 쓸 겨를이 없다. 상황이 너무 급박하기 때문에 현재 처한 위험에서 어떻게 하면 벗어날 수 있는가에만 관심을 갖게 된다. 이렇게 되니 철저하게 현재에만 있게 된다. 그때 우리는 평소 잘 느끼지 못하는 생생함을 경험한다. 지금 여기 살아 있음을 강하게 느끼는 것이다.

그 기분은 느껴보지 못한 사람은 잘 모를 것이다. 그때는 세상이 더 이상 칙칙하지 않고 모든 것이 생동하는 것처럼 보인다. 우울하거나 걱정할 겨를이 없다. 이러한 게임이 연출해내는 상황은 위험하기는 하지만 전쟁처럼 목숨이 위협받는 진짜 위험 상황은 아니다. 게임은 위험한 것처럼 보이지만 안전 규범만 잘 지키면 그것을 하는 동안 다치지 않는다. 게임을 할 때 느끼는 위험은 유사pseudo 위험이다. 실제가 아니지만 진짜 위험에 맞닥뜨렸을 때처럼 전율과 생생한 맛을 느낄 수 있다.

시속 이백 킬로미터로 달리며 자동차 경주를 하고 있다고 상상해보자. 바로 옆에는 다른 차들이 나만큼 빨리 달리고 있기 때문에 조금만 방심하면 사고가 나 크게 다치거나 심지어 죽을 수 있다. 그러나 수칙만 잘 지키면 사고가 나도 크게 걱정할 정도는 아니다. 이러한 상황에서는 대부분 운전을 하는 자기에만 집중하게 된다. 과거를 생각하며 '그때 이렇게 했어야 했는데' 하면서 후회하거나 미래를 걱정하면서 '내일 이 일을 꼭 해야 하는데' 하고 조급해할 겨를이 없다. 온 신경과 관심은 지금 여기만을 향한다. 그럴 수밖에 없다. 그렇게 하지 않으면 자칫 큰 사고가 나기 때문이다.

다시 한번 말하지만 이럴 때 우리는 큰 희열을 느낀다. 그 집중하는 상태 덕분에 자동차의 빠른 속도도 느끼지 못할 수 있고, 그 빠름 속에서 모든 것이 극히 평온하게 보일 수도 있다. 일종의 망아 체험을 하는 것이다. 많은 비용과 시간을 들여 이렇게 위험한 놀이를 하는 데는 나름의 이유가 있는 것이다.

자동차 경주와 같은 비싼 게임은 여력이 있는 극소수 사람만이 할 수 있지만, 번지점프와 같은 게임은 평범한 사람들도 시도해 비슷한 스릴과 생생함을 맛볼 수 있다. 그 강도는 약하겠지만 말이다. 번지점프는 특히 점프하기 위해 준비하는 시간도 있고 낙하대에 서서 자신을 되돌아볼 수 있는 시간도 충분히 가질 수 있어 좋다.

점프를 하기 위해 그 높은 데 올라가 준비를 다 마치면 무슨 생각이 들까? 낙하대에서는 아무 생각도 나지 않을 것이다. 어서 빨리 떨어졌다가 안전하게 다시 지상으로 돌아올 것만 생각하지 않을까? 까마득한 아래를 보며 공포감도 느낄 테지만, 안전 수칙을 지키면 문제없다는 생각에 괜찮을 것이다. 거기에 과거에 대한 회한이나 미래에 대한 두려움이 자리할 공간은 없다. 그때 우리는 현재에만 있게 된다. 현재에만 존재하기 때문에 엄청난 자극과 전율이 온몸으로 밀려온다. 물론 번지점프에서 느끼는 짜릿함은 떨어질 때가 가장 클 것이다. 그러한 짜릿함은 평소에는 잘 느낄 수 없다. 그 느낌처럼 자극이 강하지 않으면 지금 여기 존재함을 강렬하게 체험하기 어렵다. '인생에서 가장 미친 짓'이라고도 하는 번지점프를 하는 이유가 바로 여기 있을 것이다.

깨달은 사람은
늘 현재를 살고 있다

보통 사람들은 현재에 있지 못하지만 깨달음을 얻었거나 그 비슷한 지경까지 간 사람들은 (비교적)[6] 현재에만 존재한다. 이렇게 설명해도 '현재에 있다'는 것이 어떤 것인지 여전히 이해가 안 될 수 있으니 예를 하나 더 들어보겠다.

명상을 많이 한 사람이 일반인과 어떻게 다른지 연구한 심리 실험이 있다. 이 실험은 사람들을 두 개 군으로 나누어 시행되었는데, 첫 번째 군은 일반인들이었고 두 번째 군은 참선 수행을 많이 한 선사들이었다. 실험에 앞서 그들의 머리에 뇌파 계측 장치를 부착했다. 일정

---

6 비교적이라고 한 까닭은, 완전한 깨달음을 얻지는 못했지만 상당한 경지에 있는 사람들을 염두에 두었기 때문이다. 깨달은 사람들은 백 퍼센트 현재에만 존재한다. 아직 깨닫지 못했지만 경지에 가까이 있는 사람들은 일반인보다는 현재에 있는 비율이 높지만 백 퍼센트는 아니다.

한 자극을 줄 때 그들의 뇌파EEG가 어떻게 변화하는지 보기 위한 것이었는데, 사실 이 장치는 뇌파의 변화를 계측하기보다 외부 자극에 뇌가 반응하는지 안 하는지를 가려내는 간단한 장치였다. 따라서 외부 자극도 아주 간단했다. 피실험자들에게 십오 초마다 '똑딱' 하는 소리를 들려주는 것뿐이었으니 말이다. 소리를 들으면 그들의 뇌가 반응을 하고 그것이 계측 장치에 나타나는 방식이었다. 이렇게 소리를 들려주자 처음에는 두 개 군에 속한 사람들이 모두 반응을 보였다. 새로운 자극이 나타났으니 반응을 보이는 것은 당연한 일이다.

그런데 이 소리가 서너 번 계속해서 반복되자 각 군에 속한 사람들이 다르게 반응하기 시작했다. 어떠한 차이를 보인 것일까? 먼저 일반인으로 구성된 첫 번째 군에서는 반응이 나타나지 않기 시작했다. 서너 번 만에 그렇게 되기도 했고, 반응이 점차 미약하게 되다가 없어지는 과정을 거치기도 했다. 이러한 현상은 그들이 이 주기적인 소리에 이미 적응했기 때문에 나타났을 것이다. 반면 선사들은 끝까지 십오 초마다 들려오는 소리에 반응했다.

이 현상을 어떻게 해석하면 좋을까? 어찌 보면 답은 간단하다. 일반인 군의 사람들은 규칙적으로 들리는 소리에 익숙해져 하나의 틀을 형성한 것이다. 그러니까 처음 서너 번에 걸쳐 소리를 들을 때까지는 새로운 자극이라 반응을 했지만 똑같은 간격으로 같은 소리가 계속 들리자 반응하기를 멈춘 것이다. 십오 초만 되면 같은 소리가 나는 데 대해 일정한 틀을 만들어놓았기 때문이다. 그리하여 그 소리를 당연시하기 시작했고, 그 다음부터는 그 틀을 통해서만 반응하지 들려오는 소리에는 반응하지 않았다. 과거의 경험을 통해 만들어놓은 틀을 현재에 적용시킨 것인데, 그럼으로써 그들은 지금 여기 있지 않고 과거의 생각에 머물게 되었다. 이것은 바람직하지 않다고 했다. 현재는 현재로서 반응해야지 과거를 통해 반응하는 것은 바람직하지 않다. 여기서도 우리가 현재를 살지 않고 항상 과거에 머물러 있다는 사실을 확인할 수 있다.

선사 군의 사람들은 달랐다. 실험이 끝날 때까지 십오 초마다 울리는 똑딱 소리에 반응을 보였으니 말이다. 이것은 선사들이 늘 현재를 살고 있다는 것을 보여준다. 그들은 정기적으로 들려오는 소리에 대해 의식 속에 어떤 패턴도 만들지 않았다. 마음속으로 '십오 초가 지나면 또 소리가 들리겠군'이라고 하는 식으로 자신의 인식을 정형화하지 않은 것이다. 그저 소리가 들리면 듣고 바로 잊어버린다. 현재만 있으니 이전 기억은 바로 사라지는 것이다. 누군가는 이전 기억이 없어지면 자기마저 잊게 되는 것은 아닌지, 또 이렇게 모든 것을 망각해버리면 일상생활 자체를 할 수 없는 것은 아닌지 등의 질문을 던질 수도 있다. 이 문제는 간단치 않다.

이러한 맥락에서 보면 늘 마음을 비워 어떤 선입견도 없이 사안을 대하는 자세가 가장 이상적이다. 그러나 그렇게 하기란 거의 불가능하다. 우리는 모두 자신이 만들어낸 안경을 쓰고 살고 있기 때문이다. 십오 초마다 들리는 소리로 인식의 틀을 만드는 일은 아무것도 아니다. 우리는 언제나 도수가 맞지 않는 잘못된 안경을 스스로 맞춰 쓰고 자기 자신과 타인, 사회를 바라본다. 현재를 살려면 그 안경을 벗어야 한다. 티없이 깨끗한 마음인 순심을 가져야 순간순간이 새롭게 되는 것이다.

예수나 붓다가 말하는
영원한 현재

세계종교의 교주들이 현재성을 언급하지 않았을 리 없다. 그들은 이 영원한 현재에 진정한 구원이 있다고 가르쳤다. 인간이 영원한 현재를 사는 것이 자신들 가르침의 핵심이라고 설파한 것이다. 그들이 어떤 말을 했는지 직접 들어보자.

먼저 예수다. 예수가 했다고 한 말이 예사롭지 않다. 〈요한복음〉을 보면 그가 "아브라함이 태어나기 전부터 내가 있다"라고 말한 장면이 나온다. 이 문장은 자신이 아브라함이 있기 전부터 있었다는 것을 의미하는데, 영어로는 이렇게 쓴다. "Before Abraham was born, I am." 여기서 주목해야 할 것은 동사다. 아브라함이 나온 문장에서는 동사가 과거(was)로 되어 있는데 예수가 나오는 문장에서는 동사가 현재(am)로 되어 있다. 시제를 이렇게 다르게 쓴 이유는 무엇일까?

아마 아브라함은 시공에 갇힌 인간이라 과거라는 유한한 시간 속에 존재하지만 예수는 시간을 넘어 영원한 현재에 존재함을 나타내고자 했을 것이다. 이 복음서의 기자는 시간과 영원의 관계를 잘 알고 있었던 것 같다. 그렇지 않고서야 이렇게 정확하게 표현할 수 없다. 그런데 이 문장의 한글 번역에서 "내가 있다"라는 말은 잘 쓰는 표현이 아니기 때문에 어색한 감이 있다. 굳이 대안을 생각해본다면 "나는 존재한다"로 바꾸면 어떨까 한다. 이것도 썩 좋은 생각은 아니지만 말이다.

이 문장에서는 예수의 존재성이 현재로 표현되고 있는데 이것을 다른 말로 하면 무시간성이라 할 수도 있다. 절대 실재는 무시간적이기 때문에 모든 시점에 자신을 온전하게 드러낼 수 있다. 그래서 항상 현재라고 하는 것이다. 만일 이 실재가 어떤 일정한 시점에 존재하게 되면 다른 시점에는 존재할 수 없다. 그런데 어떤 일정한 시점에 존재하지 않는다면 그런 것은 절대 실재가 될 수 없다. 절대 실재는 모든 시점에 존재해야 하기 때문이다. 이 모순을 풀기 위해서는 예의 부정법을 쓰지 않을 수 없기 때문에 절대 실재는 시간이 '없는' 순간에 존재한다고 하는 것이다. 시간이 없는 순간을 다시 긍정으로 표현하면 '바로 지금' 외에 다른 것이 아니다.

이와 비슷한 주장은 불교에서도 발견할 수 있다. 이렇게 현재에만 존재하는 사람의 마음을 불교에서는 즉심卽心이라는 용어로 표현했다. 불교에는 이러한 마음이 바로 붓다라는 의미에서 '즉심시불卽心是佛'과 같은 문장이 있다. 즉심이란 즉자적 마음이며, 영어로는 'immediate mind' 정도로 번역될 수 있겠다. 어떤 사건에 처했을 때 생각의 과정을 거치지 않고 즉시 떠오르는 마음이 바로 이것이다. 그러니까 추론의 과정을 거치지 않고 직관적으로 갑자기 떠오르는 생각을 말한다. 그래야 사물의 본 모습을 볼 수 있다. 생각을 하는 순간 우리는 실상實相 즉 실제의 모습을 놓치고 만다. 생각이란 이미 과거에 형성된 것이기 때문에 일종의 안경 역할을 한다고 했다. 우리의 의식에서 생각이 돌아가기 시작하면 우리는 사물을 있는 그대로 보지 못하게 된다.

이와 관련해 필자가 가장 많이 드는 예는 이것이다. 산을 타다 산등성이를 넘자 갑자기 장관의 경치가 펼쳐졌다. 그럴 때 우리는 어떤 반응을 보이는가? 그냥 탄성을 지르면서 '와' 혹은 '기가 막히다'라고 하지 않는가? 생각이 일어나기 전 상태도 마찬가지다. 아직 어떤 판단이든 내리기 전에 단지 좋다고만 하는 것이다. 이 순간만큼은 '이전에는 어땠는데' 혹은 '앞으로는 어찌해야 하는데'와 같은 과거나 미래에 대한 생각이 결코 없다. 우리는 그저 이 순간에만 있을 뿐이다. 나의 전 존재가 이 순간에 있는 것이다.

그런데 이 순간은 오래 가지 않는다. 굳이 그 시간의 길이를 말한다면 일 초 정도라고나 할까? 이 시간만 지나면 우리는 다시 생각을 하기 시작한다. 이때 가장 많이 하는 말은 '풍경이 흡사 동양화 같다'라는 것이다.[7] 추론화 과정이 시작된 것이다. 그러니까 이전에 형성된 틀로 실경을 바라보는 것이다. 이전에 이런 풍경을 그린 그림을 많이 보았기 때문에 그 그림의 이미지[心象]를 눈앞에 있는 실경에 덧씌워 그 렌즈를 통해 실제 경치를 보는 것이다. 따라서 실경을 있는 그대로 보지 못하고 다른 이미지를 통해 왜곡된 형태로 보게 된다. 이것은 말할

7　그런데 또 동양화를 볼 때 그 모습이 사실적이면 마치 진짜 산수 같다고 한다. 그러면 도대체 그 판단의 기준은 무엇일까? 실경을 보면서 동양화 같다 하고, 동양화를 보면서 진짜 산수 같다 하니 말이다. 사람들은 많은 경우 일정한 중심을 갖고 말하는 것이 아니라 되는 대로 그때그때의 감정으로 이야기하는 것 같다. 한마디로 주체성이 없는 것이다.

것도 없이 현재를 살지 못하고 과거를 사는 것이다. 그런 까닭에 불교에서 항상 '사물을 있는 그대로 보아라to see things as they are'라고 하는 것인데, 이것은 깨달음 없이는 할 수 없는 일이다.

조금 다른 이야기지만, 이처럼 실경에 이미 형성된 심상을 덧씌워 인식하는 일이 너무나 일상화되었다. 그렇게 하지 않으면 아예 실경을 인식하지 못한다고 생각하는 것 같다. 그런 모습은 자주 목격된다. 예를 들면 멀쩡한 실경을 놓고 군이 이름을 붙이려 노력한다. 가만있는 바위를 두고 거북이처럼 생겼다고 거북바위로 부르는 것이나, 멀쩡한 산을 두고 소가 누워 있는 것 같다고 와우산이라고 부르는 것을 생각해보라. 물론 행정적 이름이 필요해 붙인 것이라면 상관없는 일이지만 개인이 감상할 때까지 군이 이름을 붙일 필요는 없지 않을까? 단지 잘생긴 바위라고 생각하고 바위 자체만을 감상하는 게 훨씬 수준 높은 자세로 생각된다. 그래서 필자는 그런 곳에 가면 사람들에게 제발 아무 생각 말고 바위나 산 그 자체를 보라고 강하게 주문한다. 그러나 우리는 자기가 갖고 있는 기존 이미지를 외부 세계에 덧씌우는 데 너무 익숙해 그런 이미지 없이는 바위나 산을 감상하지 못한다.

신

절대 실재의 '공간'을 절대 영역이라고 한다면 여기서도 당연히 이원론을 넘어 불이론적으로 접근해야 한다(물론 '공간'이나 '영역'이라는 단어는 절대 실재에 어울리지 않다). 절대 영역을 언어로 표현하는 일이 쉽지는 않지만 굳이 그렇게 해본다면, 역설적으로 표현될 수밖에 없다. 절대 영역은 '저기 어디' 혹은 '저 높은 곳 어디'에 있어 우리가 도달해야 하는 영역이 아니다. 만일 절대 영역이 지금 이곳과 다른 어떤 공간에 있다고 한다면 그것은 상대 영역에 불과하다. 상대 영역과 '상대'해 있기 때문이다. 그러면 절대 영역은 어디에 있다고 해야 할까? 역설적으로 그 영역은 바로 '지금 여기'라고 할 수밖에 없다. 모든 순간과 공간이 절대의 현현이기 때문이다. 그렇다고 해서 지금 이곳이 그대로 절대 영역이라고 한다면 그것도 틀리다. 이유는 간단하다. 절대 영역은 지금 이곳에 한정되면 안 되기 때문이다.

절대 실재는
언제나 모든 곳에 있다

신플라톤 학파의 거두였던 플로티노스의 말처럼, 절대 실재는 어떤 곳에도 없지만 그것이 없는 곳은 아무 데도 없다. 절대 영역의 역설적 측면을 생각해보면 이런 식의 설명이 이해될 것이다. 그런데 이처럼 절대 실재가 모든 공간이나 장소에 존재할 수 있으려면 다시 역설적으로 이 영역이 공간 없음, 즉 무공간이어야 한다. 절대 실재의 영역을 어떤 공간으로 말하는 순간 그 실재의 공간성은 그 영역으로 한정되기 때문이다.

이렇게 너무 없다는 것만 강조하다 보면 무에 빠질 수 있으니 이번에는 긍정적 각도로 접근해보자. 가톨릭의 성자 보나벤투라 Bonaventura는 절대 실재를 '중심이 모든 곳에 있으면서 외곽선은 아무 데도 없는 하나의 구球'라는 식으로 설명했다. 이 표현도 매우 역설적이다. 이런 공은 삼차원의 이원론적 세계에는 존재할 수 없기 때문이다. 그렇지 않은가? 중심이라는 것은 한 군데 있기 때문에 중심이라고 하는 것이다. 그러므로 중심이 모든 곳에 있다는 말은 모순이다. 또 구는 외곽선이 있어야 구라 할 수 있는데 외곽선이 없다니 이게 말이 되겠는가?

이러한 표현 방식은 어쩔 수 없는 것이다. 군이 해석해보면, 중심이 모든 곳에 있다는 것은 이 실재가 편재해 있음을 말하는 것이고 외곽선이 없다는 것은 무한하다는 것을 의미한다고 볼 수 있겠다. 그래서 이러한 절대 실재의 영역은 어떤 지점에도 있을 수 없다는 의미에서 무지점 혹은 무공간이며, 두 번째가 없는 하나라고 하는 것이다. 윌버의 표현대로 하면, 이 공간은 무공간이기 때문에 특정한 공간들과 다투지 않고 그로 인해 공간들을 완전하게 끌어안을 만큼 자유롭다. 더 생생한 설명을 위해 윌버의 말을 직접 들어보자.

> 차원이나 외연이 없는 점, 날짜와 기간이 없는 순간, 그것이 절대다. 또한 절대는 아무 곳에도 없지만, 그것이 없는 곳은 아무 데도 없다. 한마디로 그것은 전존omnipresent이다. 절대는 자신의 온전성 속에서 모든 곳과 모든 때에 동시적으로 존재하고 있다. "신을 모든 곳에서 보지 못하는 사람은 어떤 곳에서도 신을 보지 못한다."[8]

절대 실재에 대한 이러한 묘사는 동양 전통의 가르침과 일치한다. 힌두교에서 말하는 브라만이 그렇고 불교의 《대승기신론》 등에서 말하는 일심一心이 그렇다. 이들에 따르면 우주에 유일하게 존재하는 것은 절대 의식으로서의 브라만이고 일심이다. 이것을 조금 현대식으로 표현하면, 궁극적 의식Ultimate Consciousness이자 우주의식이라 할 수 있다.

---

8 《모든 것의 역사》, 464쪽.

〈도마복음〉에 나타난
범신론적 절대 실재

이러한 실재관은 동양 종교에서는 상식처럼 보이지만 유신론의 대표 종교라 할 수 있는 기독교에서는 받아들이기 힘든 면이 있다. 기독교는 대체로 신의 초월성을 강조하는 쪽으로 치우쳐 있기 때문에 신이 모든 곳에 있다는 주장을 받아들이기 힘들 것이다. 이러한 이유에서 기독교는 특히 범신론pantheism을 거부한다. 기독교에서 가장 많이 통용되는 교리 중 하나는 '신은 절대적 타자Absolute Other'라는 교리다. 신은 세상을 초월해 있기에 세상과는 완전히 다른 타자라는 것이다. 그 때문에 신은 문제 많은 세상과 하나가 될 수 없다.

그런데 놀랍게도 기독교의 경전으로 분류되는 〈도마복음〉에는 이와 반대되는 내용의 교리가 서술되어 있다. 이 복음서는 외경으로 분류되어 《성서》에는 포함되지 않았다. 도마의 복음서는 그 이름에서 알 수 있듯 도마Thomas[9]라는, 예수의 열두 제자 중 한 사람이 기록한 것으로 알려진 경전이다. 예수의 직계 제자가 기록했다는 이 경전이 정경 즉 정통 경전에 포함되지 않은 것은 이상한 일이라 할 수 있다. 그런데 다음 구절을 보면 이 경전이 왜 정경에 포함되지 않았는지 알 수 있을 것이다. 〈도마복음〉에서 예수는 자기의 정체성을 이렇게 고백하고 있다.

---

9 이 사람과 관련해 가장 유명한 이야기는 다음과 같다. 예수가 부활(?)해 제자들 앞에 나타났을 때, 그는 그 예수가 진짜인지 아닌지 검증하기 위해 예수의 몸 가운데 창으로 찔린 부위를 직접 만졌다.

나는 빛이다.

그 빛은 모든 것 위에 있다.

나는 모든 것이다.

모든 것은 나로부터 나왔고,

나에게로 돌아온다.

나무를 잘라보라. 그러면 나는 거기에 있다.

돌을 들어보라. 그러면 거기서 나를 발견할 것이다.[10]

이 고백문을 읽어보면 이것이 과연 기독교 경전이 맞나 하는 의심이 들 정도다. 여기에는 기독교가 꺼리는 범신론 혹은 범재신론 panentheism이 깔려 있는 것처럼 보이기 때문이다. 범신론이나 범재신론 같은 단어들은 다소 전문적이라 다루고 싶지 않지만 기독교가 왜 이런 주의를 싫어하는지 알기 위해서는 간략하게나마 보아야 한다. 범신론은 간단하다. 세상 만물에 신 혹은 영anima이 스며들어 있다는 것이다. 신이 이 세상이 된 것이다. 이런 주의를 견지하는 종교 가운데 대표적인 것이 샤머니즘인데 종교 발달사에서는 초기에 나타나는 종교라 할 수 있다. 이에 비해 범재신론은 범신론을 포함하는 동시에 그것을 넘어서 있다. 즉 신이 만물에 내재해 있다는 것은 범신론과 의견을 같이 하지만 그 신은 동시에 만물을 초월해 있다고 주장한다. 그러니까 신의 내재성과 초월성을 동시에 주장하는 것이다. 이런 의미에서 범재

10 *The Gospel According to Thomas* (Concord Grove Press, 1983), p. 36.

신론은 범신론보다 후대에 나온 더 발전된 신론이라 할 수 있겠다.

그런데 〈도마복음〉에는 이 두 가지 주장이 다 들어 있다. '내가 빛인데 그 빛은 모든 것 위에 있다'라는 말로 초월적 측면을 이야기하면서, 그것이 또 나무나 돌과 같은 세상의 사물에 내재해 있다는 말로 범신론을 나타내고 있는 것이다. 아니 범재신론 안에는 범신론이 포함되어 있으니 범재신론이라 해도 상관없겠다. 이 복음서는 바로 이런 가르침을 내포하고 있어 기독교의 정경에 포함되지 못했을 것이다. 도마 류의 생각은 보통 초기 기독교의 신비주의파였던 영지주의靈知主義의 주장과 일맥상통한다.

영지주의는 초기 기독교가 대표적 이단으로 낙인찍은 사상이다. 구원관이 다르기 때문이다. 기독교에서 일반적으로 말하는 구원관은 간단하다. 예수가 우리의 죄를 대신 짊어짐으로써 우리를 구원해준다는 것이다. 예수를 통해서만 구원을 받을 수 있다는 말인데, 영지주의는 인간의 구원에 대해 이렇게 말하지 않는다. 그들이 말하는 인간의 구원은 어떤 도그마(교리)에 대한 믿음으로 이루어지는 것이 아니라 신령한 지식에 의해서만 가능하다. 이 지식이 바로 영지gnosis다. 신령한 지식이란 신비적 수행을 통해 범재신론에서 주장하는 것처럼 신의 내재성과 초월성을 직접 체험해 얻는 지식을 의미한다. 이것은 매우 비밀스러운 것이라 특정한 소수에게만 전수가 가능하다. 일반인도 이러한 영지를 갖고 있기는 하지만 무지에 가려 있어 전수 자체가 가능하지 않다고 한다.

도마의 복음서에는 이와 같은 주장이 고스란히 들어 있다. 이 책은 예수의 구원이나 대속과 같은 교리에 대한 설명은 없고 이처럼 비밀리에 전수되는 깨달음을 강조하고 있다. 그러면서 범신론 혹은 범재신론을 드러내고 있기 때문에 영지주의에 대항했던 초기 기독교 세계에서 받아들여질 수 없었다. 그런데 사실 기독교에 범신론이 없는 것은 아니다. 그들의 교리에는 신의 무소부재성 혹은 어디에나 있다는 의미의 편재성에 대한 교리가 있다. 이것은 당연하다. 신은 무한한 전체기 때문에 어떤 곳에도 없어서는 안 되기 때문이다. 만일 신이 없는 곳이 있다면 그런 신은 부분이 되기 때문에 무한한 존재가 될 수 없다. 그래서 논리적으로는 기독교도 범신론이어야 한다.

기독교가 심정적으로 이 범신론을 꺼리는 이유는 앞서 말한 신의 절대 타자성 때문이다. 이것도 이해되지 않는 것은 아니다. 이 세상은 죄와 고통이 가득한 불완전한 곳이기 때문에 기독교도의 입장에서는 완전한 신이 이와 같은 불완전한 세상과 하나가 된다고는 생각할 수 없었을 것이다. 신은 절대적으로 타자여야 했던 것이다. 게다가 기독교의 신은 인격을 갖고 있다. '하느님 아버지'라는 인격체가 지상에 있는 개개 사물에 깃들여 있다는 것은 상상하기 힘든 일이다.

그런데 이처럼 신이 세상과 별도로 존재한다는 생각에는 심각한 문제가 있다. 무한한 신을 유한한 존재로 만들기 때문이다. 신이 이 세상과 떨어져 따로 존재한다면 신 안에 이 세상은 포함되지 않는다. 그렇다면 신은 부분에 불과한 존재가 된다. 전체일 수 없는 것이다. 이것은 기독교 교리에 보이는 명백한 모순인데 과문한 탓인지 몰라도 이것을 명쾌하게 푼 기독교 신학자를 본 적이 없다. 사정이 이렇게 된 것은 시작이 잘못 되었기 때문일 것이다. 기독교가 처음부터 선택한, 신은 인격을 지닌 절대 타자라는 교리는 신의 무소부재성과 충돌할 수밖에 없다. 어떻게 하면 이 모순을 해결할 수 있을까? 간단하다. 이 교리를 포기하면 된다. 기독교 신비주의자들은 실제로 이를 과감하게 포기했다. 그들은 기본적으로 범재신론을 주장했고, 항상 이단으로 지목되었다. 신의 절대 타자성과 무소부재성의 충돌은 하나의 사례일 뿐이다. 종교 교리는 이렇듯 내적 모순을 안고 있는 것이 많다. 그런데도 신자들 대부분은 이러한 모순에 눈을 감고 도그마에 빠진 신앙을 갖고 있다.[11]

절대 실재의
표현 불가능성[12]

앞서 이미 언급했지만 절대 실재의 특성상 그것을 묘사하는 일은 대단히 어렵다. 시대를 막론하고 종교적 현자들은 어떠한 언어나 상징, 기호로도 절대 실재를 묘사할 수 없다는 데 의견을 같이 했다. 물론 브라만이나 야훼, 알라 등 각 종교에서 이 실재에 붙인 이름은 많이 있다. 그러나 그 이름들은 신도들의 신앙생활을 위해 편의상 만들어낸

11 이 점에 대해서는 졸저《종교, 그 지독한 오해와 편견에 대해》(주류성, 2017)에서 자세히 다루었다.
12 이 부분에 대한 설명은 윌버의《아이 투 아이-새로운 패러다임의 연구》(김철수 역, 대원출판, 2001) 10장〈의식의 궁극적인 상태〉를 참고했다.

것일 뿐, 절대 실재 자체가 될 수는 없다. 절대 실재의 특성이 너무 대단하고 신비하고 숭고하다고 해도 묘사하기 어려운 것은 아니다. 그 속성이나 구조 등이 인간의 언어로 표현하기 힘들 정도로 매우 복잡하다고 짐작하겠지만 사실은 그렇지 않다.

절대 실재를 묘사하기 어려운 이유는 너무 단순하고 또 너무 가깝게 있기 때문이다. 가까운 정도가 아니라 아예 우리 곁에 붙어 있다. 사실 이것도 틀린 표현이다. 정확하게 말한다면 모든 것이 절대 실재기 때문에, 다시 말해 절대 실재 외에는 어떤 것도 존재하지 않기 때문에 절대 실재를 정의할 수 없는 것이다. 이렇게 설명하면 다시 어려워지는 것 같지만 그리 어렵지만은 않다.

우리가 무엇인가를 설명하려면 그것을 객관적으로 볼 수 있어야 한다. 그 무엇의 외부에서 그것을 관찰해야 묘사할 수 있고 정의할 수 있다. 가령 우리가 앞에 있는 사과를 사과라 정의하며 묘사할 수 있는 것은 그 사과의 외부에서 그것을 보기 때문이다. 보이는 대로 그 사과를 설명할 수 있는 것이다.

절대 실재도 마찬가지다. 이 실재를 설명하기 위해서는 그 바깥으로 나가 객관적으로 그것을 보아야 한다. 그런데 우리는 절대 실재 바깥으로 나갈 수 없다. 그것이 곧 전체기 때문이다. 장자 식으로 표현하면 무외, 즉 바깥이 없으니 이 실재에는 바깥이라는 개념이 존재하지 않는다. 바깥으로 나가는 일이 애당초 성립될 수 없는 것이다. 만일 우리가 이 실재 밖으로 나갈 수 있다면 그것은 절대 실재가 될 수 없다. 내가 이 실재 바깥으로 나가는 일에 성공했다면 나는 그것에 포함되지 않을 것이다. 내가 그것의 외부에 있기 때문이다. 그렇게 되면 이 실재는 나를 제외한 부분에 불과하게 된다.

절대 실재를 묘사할 수 없는 이유는 또 있다. 우리가 어떤 것을 정의하고 규정하려면 그것과 비교할 수 있는 대상이 필요하다. 그 다른 것이 없으면 이것을 정의할 수 없다. 모든 것이 상대적이기 때문이다. 다시 사과를 예로 들어보자. 그것을 정의하려면 사과가 아닌 다른 것이 있어야 하는데, 그 다른 것은 배와 같은 다른 과일이 될 수도 있고 책상처럼 다른 사물이 될 수도 있다. 그 다른 것이 무엇이든 상관없다. 여기서 중요한 것은 다른 무엇인가가 있어야 한다는 사실이다. 그래야 그것과 비교해 사과가 어떤 것이라 정의할 수 있다. 그런데 절대 실재는 상황이 어떠한가? 절대 실재는 그것이 아닌 것이 없다. 이 실재는 두 번째가 없는 하나기에 다른 어떤 것이 존재할 수 없는 것이다. 다른 것이 없으니 절대 실재는 정의하는 일이 애당초 불가능하다.

지금까지 본 것은 그리 어려운 이야기가 아니다. 이렇듯 조금만 논리적으로 따져보면 절대 실재의 실상을 알 수 있다. 그런데 사람들은 왜 이렇게 단순한 사실을 깨닫지 못하는 걸까? 그것은 사람들이 절대 실재의 '영역'은 일상에서 아주 멀리 떨어진 어떤 곳에 있다는 오해를 하면서 살고 있기 때문일 것이다. 가장 익숙한 절대 실재인 신을 지칭할 때도 하늘을 쳐다보면서 저 위 어디쯤 신이 있다고 생각하니 말이다. 그러나 하늘이 아무리 높다 해도 거기가 거기다. 한정된 영역이라는 것이다. 신이 어떻게 한정된 영역에 있을 수 있겠는가?

사람들은 절대 영역이 아득히 먼 곳에 있기 때문에 그곳에 도달하기 위해서는 각고의 노력을 해야 한다고 생각한다. 그 먼 길을 가야 하니 얼마나 많은 노력이 필요하겠는가? 그래서 매일 기도를 간절하게 한다거나 참선 같은 명상법을 심도 있게 수련한다. 자신이 알지 못하는 멀고도 먼 고행의 길을 떠나는 것이라 생각하며, 매일 매일 조금씩 진보를 이루어 언젠가는 그 아득한 절대 영역에 골인할 것이라 굳게 믿는다. 이것은 대단한 신심이 아닐 수 없다.

이러한 수련은 보통 사람들이 보기에 대단히 힘든 고행으로 비칠 것이다. 하기야 밥 먹는 시간 빼고 하루 온종일을 좌선하거나 기도 혹은 묵상하는 데 할애하기란 결코 쉬운 일이 아니다. 수도자들이 그런 힘든 고행을 감내하는 이유는 언젠가 절대 영역에 이를 수 있다는 희망 때문이다. 이 희망이 없다면 상상하기 힘든 고행을 참을 수 없을 것이다. 일반인들은 이러한 확신과 믿음이 부족하거나 없기 때문에 그런 고행을 할 엄두조차 내지 않는다.

그런데 여기까지 읽은 독자라면 이들이 절대 실재의 영역을 오해하고 있음을 짐작할 수 있을 것이다. 그 이유는 간단하다. 절대의 영역을 상대의 영역으로 끌어내렸기 때문이다. 내가 열심히 수련을 하거나 기도를 해서 절대 영역으로 보이는 어떤 영역에 도달했다고 하자. 그러면 이것은 내가 평상시 있던 영역과 구별되는 영역이 된다. 내가 다른 영역으로 갔으니 말이다. 이것은 상대 영역이지 절대 영역이 될 수 없다. 따라서 '도달했다'라는 표현을 쓸 수 없다. 내가 어떤 영역에 도달했다면 그 영역은 내가 도착한 데서부터 시작할 텐데, 이렇게 시작이 있다면 반드시 끝이 있기 마련이다. 이것은 너무나 자명한 사실이다. 절대의 세계는 우리가 도달해야 하는, 어딘가에 있는 유토피아가 아니다.

우리는 절대의 세계에 가기 위해 다른 어떤 곳으로 갈 필요가 없다. 절대 영역이 아닌 곳이 없기 때문이다. 내가 상대의 세계로 생각하는 지금 이 세계가 바로 절대의 세계다. 논리적으로 보아도 우리는 절대로 절대의 세계 바깥으로 나갈 수 없으니 지금 이곳이 바로 절대의 세계라고 할 수밖에 없다. 그러나 동시에 지금 여기가 그대로 절대의 세계는 아니다. 절대는 어느 한 곳에 있을 수 없기 때문이다. 모든 것이 절대지만 절대는 어느 한정된 곳에 있지 않다는 것인데, 이것은 너무 단순하고 평이한 진리라 보통 사람들은 오히려 이해하기 힘들다.

의식이 변하면
절대 영역이 나타난다

이러한 궁극적 상태를 우리의 의식과 연관시켜 살펴보자. 절대 영역의 존재 여부는 우리의 의식에 달려 있다. 의식이 절대적 상태가 되면 우리가 처한 그곳이 바로 절대 영역이 되기 때문이다. 그곳은 다른 어떤 곳에 있는 것이 아니라 내 의식 상태가 바뀌면 만날 수 있는 영역이다.

그런데 앞서 말했듯 사람들은 의식이 평상(적 각성) 상태를 넘어서야 궁극적 상태에 도달할 수 있다고 생각하는 경향이 있다. 어떤 완벽한 경지에 올라가면 의식이 절대적 상태가 될 것이라 믿는 것이다. 이러한 최고의 경지는 일상의 자의식과는 질적으로 전혀 다른, 저 높은 혹은 깊은 곳에 있다고 생각한다. 불교에서는 아마 이렇게 설명할 것이다. '우리의 지고지순한 불성은 우리 마음의 가장 내면에 있다. 그런데 그 불성을 탐욕이나 무지 등 어두운 힘들이 몇 층으로 뒤덮고 있다. 우리가 맨 마지막에 있는 이 청순한 불성을 만나려면 무명(무지)의 층들을 하나하나 걷어내야 한다.' 많은 신도들이 통상적으로 이렇게 믿고 있겠지만, 이것은 사실이 아니다.

그리 좋은 비유는 아니지만, 이러한 과정을 양파 까는 것에 비견할 수 있다. 양파의 껍질을 까다 보면 마지막에 남는 것은 아무것도 없다. 양파의 맨 안쪽에 그 양파의 핵심이 있을 것 같은데 다 까보면 정작 아무것도 없는 것이다. 우리의 절대 의식 상태도 마찬가지다. 그 두터운 무명 층들을 열심히 제거하고 안으로 들어가봤자 결국 아무것도 발견할 수 없다. 마치 양파의 핵이 비어 있는 것처럼 말이다. 공이라는 것이다. 양파의 핵을 만날 수 없듯, 지금 여기를 떠나 다른 어떤 곳에서 절대를 만나려는 시도는 성공할 수 없다. 바로 이 순간이 절대의 순간이고 절대 의식의 상태기 때문이다. 그 순간과 상태는 일정한 수련의 결과로 맞이하는 어떤 영역이 아니다.

따라서 우리가 열심히 수행하고 기도하고 심신을 닦은 결과 얻어낸 의식 상태의 변화는 절대적 상태가 될 수 없다. 예를 들어 어떤 사람이 열렬하게 기도해 신을 만나는 종교 체험을 했다고 하자. 이러한 체험은 보통 변이의식 상태altered state of consciousness라고 표현하는데, 평상시의 의식이 다른 어떤 의식 상태로 변한 상태를 말한다. 예를 들어 트랜스 상태에 들어가면 경전에만 나오는 신을 보거나 그의 목소리를 듣는다. 우리는 신을 만났다고 하면서 자신이 절대적 종교 체험을 했다고 주장하는 사람을 종종 마주친다.

그런데 과연 그럴까? 그 체험을 절대적이라고 할 수 있을까? 지금까지 살펴본 것에 의하면 그럴 수 없다는 사실이 자명해진다. 이러한 변이의식 상태가 출현했다면 그 상태가 시작된 것이고, 어떤 것이 시작되었다면 당연히 그 끝이 있다. 그래서 이러한 특정 상태에서 만난 신은 진정한 신이 아니다. 그 의식 상태가 사라지면 그때 만난 신도 사라지기 때문이다. 신은 나타났다가 사라지는 그런 존재가 아니다. 신은 항상 있기 때문에 나타날 것도 사라질 것도 없다. 신을 변화된 의식 상태에서 만났다면, 그는 신이 아니라 자신이 만들어낸 신의 이미지를 대면했을 가능성이 크다. 그때 나타난 신은 그가 조작한 이미지일 뿐이다.

깨달음은 수련의
결과가 아니다

깨달음은 수련의 결과가 아니라는 주장은 옛 사람들의 격언 속에서도 발견된다. '도는 평상심이다 Tao is everyday mind. [道是平常心]'라는 선불교의 유명한 주장을 보자. 이 문장의 뜻은 어렵지 않게 알 수 있다. 그러니

142

까 지금 여기서 갖고 있는 평상심을 떠나 다른 곳에서 도를 찾으면 안 된다는 것이다. 도는 시간 속에 있기에는 너무 완전해 어떤 시간에도 없지만 그렇다고 지금 여기를 떠난 도가 없다는 점을 명심해야 한다. 지금 여기가 절대 상태기 때문이다.

의식의 궁극 상태가 결코 어떤 행위나 상태의 결과가 아니라는 것을 잘 설명해주는 이야기가 있다. 선불교에서 널리 회자되던 마조라는 사람의 이야기인데, 참선을 한창 하고 있던 마조에게 스승 남악이 물었다. "왜 참선을 하느냐?" 마조가 대답했다. "부처가 되고자 합니다." 그러자 남악은 느닷없이 기와 한 장을 가져다 갈기 시작했다. 스승의 이상한 행동에 마조가 물었다. "기와를 갈아 무엇을 하시려 합니까?" 남악은 이렇게 답했다. "거울을 만들려 한다." 그때까지 마조는 순진했던 모양이다. 아직도 스승의 의도를 눈치 채지 못하고 마조는 다시 물었다. "기와를 갈아서 어떻게 거울을 만듭니까?" 그 대답을 기다렸다는 듯 남악이 응수했다. "그렇다면 좌선을 한다고 부처가 될 것 같으냐?" 이야기는 더 진행되지만 여기까지만 보아도 충분하다.

필자의 설명을 읽은 독자라면 남악의 의중을 금세 파악했을 것이다. 남악이 마조에게 하고 싶은 말은, 깨달음이란 그렇게 수련이라는 과정이나 단계를 거쳐 점진적으로 도착하게 되는 종착지가 아니라는 것이다. 기와는 처음부터 끝까지 기왓장이지 아무리 갈아도 거울이 되지 않는다. 이와 마찬가지로 평소에는 깨닫지 못한 상태로 있다가 어느 순간 갑자기 깨달은 상태로 되는 그런 것은 없다. 지금 내가 깨달은 상태가 아니라면 어떤 노력을 하든 깨달을 수 없다. 기와가 거울이 될 수 없듯 말이다. 그런데 만일 내가 깨달았다면 그것은 깨닫지 않은 상태에서 깨달은 상태로 바뀐 것이 아니라, 원래 깨달은 상태로 있었는데 그것을 모르고 있다가 새삼스럽게 알게 된 것이라고 해야 한다.

논리적으로 더 풀어보면, 방금 전 말한 대로 우리는 원래부터 혹은 처음부터(원래나 처음이라는 단어가 적절하지는 않지만) 절대 실재 안에서 깨달은 상태로 있었다. 따라서 엄밀히 말하면 수행할 필요가 없는 것이다. 깨달은 상태에 있는데 무엇을 더 수행하겠는가? 우리가 해야 할 일은 원래부터 깨달은 상태에 있다는 것을 확인하는 일뿐이다. 이 사실을 모르고 있었기 때문에 번뇌의 때를 벗겨내면 깨달을 줄 알고 끊임없이 무엇인가 했던 것이다. 나중에 정말 깨달을 때 우리가 깨닫는 것은 이것이다. '깨닫기 위해 사실 아무것도 할 필요가 없었다.' 참으로 재미있는 역설이 아닐 수 없다. 깨닫기 위해 열심히 수행했는데 깨달아 알게 되는 것이 깨달으려 할 필요가 없다는 사실이니 말이다.

그러면 정말 아무것도 하지 않고 가만히 있을 수 있을까? 그렇게 할 수 있는 사람은 그렇게 하면 된다. 그런데 과연 그렇게 할 수 있는 사람이 우리 가운데 몇이나 될까? 다 내려놓으면 아무 일도 없는데 그것을 모르는 우리는 어떤 일이라도 하지 않으면 불안해 참지 못한다. 그래서 스승을 찾아다니고 명상 센터를 찾아 헤맨다. 그렇게 한다 한들 깨달음의 경지는 오지 않는다. 우리는 대부분 그렇게 헤매다 한 생을 마감한다. 불교에서 주장하는 환생론을 받아들인다면 다음 생에 태어나도 같은 일을 반복할 것이다. 이원론에 빠진 자아를 구하지 못했기 때문에 환생을 해도 문제 해결을 위해 같은 일을 할 것이다.

또 다른 이야기를 살펴보자. 일본 선불교의 유력한 일파 조동종을 창시한 도겐[道元]은 일본 불교사에서 가장 창의적인 사상가로 추앙받고 있고 세계적 사상가로도 정평이 나 있다. 그의 중국 유학 이야기는 영화로 나와 있을 정도로 유명하다. 중국 유학을 생각하고 있을 무렵 도겐에게는 커다란 질문이 있었다. '인간은 누구나 불성을 지닌 부처'라는 불교의 교리에 대해 '우리가 모두 부처라면 나는 지금 왜 깨닫지 못하고 있는가?'라는 질문을 품은 것이다. 이 질문은 대단히 중요하고 심오하다. 앞서 계속 보았듯 절대 실재 혹은 그 상태는 없었던 적이 없다. 우리는 항상 절대 실재와 하나가 되어 있기 때문에 깨달음의 상태에 있는 것이다. 그런데 왜 이것을 깨닫지 못할까?

도겐은 송나라에서 여정如淨 선사를 만나 궁극의 깨달음을 얻었다고 한다. 그가 품었던 질문에 대한 깨달음은 아주 간명했다. 깨달아 보니 자신은 한 번도 부처가 아닌 적이 없었다. 그 질문을 품고 수행하며 여러 스승과 선문답을 하는 매순간이 실은 깨달음의 순간이었음을 깨달은 것이다. 마치 어떤 사람이 자신의 금고에 황금 덩어리를 넣어 놓고 잊어버렸다가 다시 기억해낸 것처럼 말이다. 그 사실을 잊고 있을 때는 금 덩어리가 없는 것이나 마찬가지다. 그러나 그것은 한 번도 없었던 적이 없다. 그가 몰랐을 뿐이다. 그 사실을 기억하는 순간 금 덩어리는 다시 그의 것이 된다. 어떤 노력도 필요하지 않다. 기억하기만 하면 금을 갖게 되는 것이다.

이러한 맥락에서 선사들의 게송, 즉 깨달음의 기쁨이나 상태를 표현한 노래를 들어보면 이 상황이 잘 드러난다. 게송을 듣다 보면 '깨닫고 보니 무명으로 뒤덮인 나의 성품이 불성이었다. 그래서 잡생각(망상)을 제거하려 할 필요도 없고, 굳이 진리를 찾겠다고 공연히 나설 필요도 없다. 모든 것이 온전하다'라는 식의 내용을 발견할 수 있다. 앞서 보아온 절대와 상대의 관계가 정확하게 표현되어 있지 않는가? 이와 같은 맥락에서 대승불교에서는 오래 전부터 '번뇌 즉 보리고 보리 즉 번뇌다'라는 역설적 주장을 해왔다. 역설적으로 들리기는 하지만 앞의 설명을 이해한 사람은 이 명제가 무엇을 말하려 하는지 알 수 있을 것이다. 보리 즉 최상의 지혜를 얻고자 할 때, 번뇌에 찌든 일상 의식을 없앤다든가 일상 의식을 제외하고 다른 데서 지혜를 찾는다든가 하는 일은 잘못된 것이다. 매순간 절대 지혜가 없었던 적은 없기 때문이다.

절대 실재는 절대로
알 수 없는 것일까?

이렇게 보면 절대 실재를 깨닫지 못한다는 사실은 참으로 이상하다. 절대 실재는 매순간, 모든 공간, 그러니까 언제나 이곳에 있는데 그것을 깨닫지 못하니 말이다. 선불교에서는 (절대 실재, 혹은 참나를) 깨닫는 일이 세수할 때 코를 만지는 것보다 쉽다고 말하기도 한다. 절대 실재는 그만큼 가까운 데 있으며 자연스러운 일이라는 의미다. 따라서 절대 실재와 하나 되는 깨달음도 자연스러운 일인지라 깨달음을 얻겠다고 새삼 새로운 일을 할 필요가 없다. 사실 이 표현도 엄밀히 말하면 틀리다. 코를 만지는 손과 코는 다른 별개의 사물이지만 절대 실재와 우리의 의식은 다른 것이 아니기 때문이다.

이렇게 쉬운 일이 왜 가장 어려운 일이 되었을까? 깨닫는 일이 어렵지 않다면 주위에서 깨달은 사람을 어렵지 않게 만나야 하는데, 그렇지 않은 걸 보니 깨닫는 일이 어렵긴 어려운 모양이다. 그 까닭은 우리의 사고가 이원론적 방식에 고착되어 있기 때문이다. 우리는 어떤 것을 알기 위해서는 내가 주체 혹은 보는 이the seer로서 '여기' 있고 바깥의 사물은 객체 혹은 보이는 것the seen으로 존재하는 구조가 있어야 한다고 무의식적으로 생각한다.

이런 식의 관찰법은 세상에 있는 사물을 볼 때는 전혀 문제가 안 된다. 세계의 사물을 관찰할 때는 주체와 객체가 엄격하게 나뉘어야 하며, 그것이 상식이다. 그러나 이런 관찰법으로는 절대 실재를 알 수 없다. 절대 실재는 '보는 이'와 '보이는 것'으로 나뉠 수 없기 때문이다. 절대 실재는 무한대 혹은 전체기 때문에 이렇게 둘로 나뉘는 일이 애당초 불가능하다. 무한대(그리고 전체)는 아무리 나누어도 무한대다. 무한대는 결코 부분으로 나뉠 수 없다.

절대 실재를 알려면 다음과 같은 결론에 도달할 수밖에 없다. 신이나 우주의식과 같은 절대 실재를 알기 위해서는 자신이 직접 신이나 우주의식이 될 수밖에 없다. 실재와 실재에 대한 지식은 별개의 것이 될 수 없기 때문이다. 실재 이외의 것은 존재할 수 없기 때문에 실재와 그에 대한 지식도 하나라고 말하는 것이다.

제대로 추론을 한 사람은 자신이 아무리 노력해도 절대 실재를 알수 없다는 결론에 다다르게 된다. 그런데 이 실재를 알 수 없다는 느낌은 역설적으로 이 실재를 언제나 알고 있다는 증거다. 《케나 우파니샤드》에는 이런 말이 적혀 있다.

> 어떤 사람이 '나는 브라만을 안다'라고 주장하면 그것은 그가 오히려
> 브라만을 모르고 있다는 것을 보여준다. 이에 비해 어떤 사람이 '나
> 는 브라만을 알지 못한다. 그럼에도 불구하고 나는 브라만을 안다'라
> 고 하면 그 사람은 브라만을 진정으로 알고 있다고 할 수 있다.[13]

역설에 역설이라 공연히 어려워진 느낌이지만, 절대 실재를 알 수 있는 실마리가 우리에게 있다는 점은 분명해 보인다.

그렇다면 지금까지 보아온 절대 실재는 도대체 무엇일까? 대상화될 수 없어 알 수 없다고 했는데, 우리에게도 그러한 것이 있지 않은가? 인간의 가장 내밀한 (순수) 의식을 생각해보라. 이 의식은 보는 자로서 보기만 하기 때문에 대상화될 수 없다.

우리의 의식에는 계속해서 이미지나 생각이 생겨난다. 구름을 보고 있으면 구름 이미지가 떠오르고 엄마를 생각하고 있으면 엄마 이미지가 마음속을 스쳐간다. 그런데 이러한 이미지를 파악하려면 그것을

---

13 《아이 투 아이》, 474-475쪽에서 재인용.

가능하게 하는 의식이 있어야 한다. 그러니까 객체가 없는 주체 의식 말이다. 주체 의식은 결코 밖에서 볼 수 없다. 주시자라고 부르는 이것은 객체가 아니지만 모든 객체를 인지하게 해주는 근본 의식으로, 굳이 말로 표현하면 절대 주체Absolute Subjectivity라고 할 수 있다. 만일 이 주체(자)가 대상화된다면 그것은 더 이상 절대 주체가 될 수 없다.

이와 관련해 선인들은 절묘한 비유를 했다. 절대 주체가 스스로를 볼 수 없는 것은 '칼이 자신을 베지 못하고 눈이 자신을 볼 수 없는 것과 같다'는 것이다. 여기서 눈에 대한 것이 절묘한데 우리의 절대 주체와 그 성격이 무척 닮아 있다. 눈은 그저 보기만 할 뿐 스스로를 객체화할 수 없다. 그렇기 때문에 자신을 볼 수 없는 것이다. 눈에는 주체만 있을 뿐이다. 그리고 눈에는 어떤 것도 없다. 그래야 모든 것을 볼 수 있기 때문이다. 눈은 이렇게 스스로를 보지 못하면서 모든 것을 보게 해준다. 절대 주체도 마찬가지다. 스스로를 대상화할 수는 없지만 모든 것을 보고 느낄 수 있게 해준다. 또 어떤 속성이나 이미지를 갖지 않는다. 이러한 비어 있음을 불교에서 말하는 공이라 해도 좋다. 윌버는 절대 주체를 다음과 같이 묘사하며, 이 주체를 느끼는 방법을 제시하고 있다.

그렇기에, 잠시 동안이라도 단순히 보는 자로 있어보라. 그저 단순히 아는 자로, 주시자로 편안히 있어보라. 보지만 보일 수 없는 것에 머물러 있어보라. 당신이 그러한 공空, 그러한 없음, 그러한 명료함, 그러한 개방 상태에 머물러 있을 경우, 당신은 엄청난 자유, 보이는 사물로부터의 엄청난 해방, 하나의 대상으로 존재하는 고통으로부터의 어마어마한 해방을 느끼기 시작할 것이다. 당신은 거대한 해방 속에 부유하면서 공으로서, 원래 보이지 않는 존재로서, 근원적 불생자不生者, the Unborn로서 안식할 것이다.

당신이 공의 상태에 머물러 있을 때, 당신은 빅뱅 이전부터 갖고 있던 당신의 진면목과 접하고 있는 것이다. 이 위대한 공은 이미 언제나 당신의 진정한 자아, 즉 결코 잃어버린 적이 없었고, 따라서 결코 찾을 수도 없는 자아였던 근원적 배경이다. 이 공이야말로 전 우주가 순간순간 발생하는 거대한 배경이다. 이 거대한 배경을 다른 이름으로 신이라 부른다.[14]

알고 보면
신은 나다

여기서 우리는 윌버의 과감한 주장을 만날 수 있다. 우리 안에 있는 주시 혹은 순수한 현존으로서 언제나 존재하며 주시하는 주체가 바로 신이라는 주장 말이다. 이 주체를 조금 구체적으로 설명할 때 윌버는 '나의 현존I amness'이라는 독특한 표현을 쓰기도 한다. 내가 있음을 느끼는 것, 이것이 바로 절대 주체다.

---

14 《아이 투 아이》, 476-477쪽.

이 주체는 우리의 혀로 말하고 귀로 듣고 눈으로 듣는다. 절대 주체 자리에 있으면서 우리의 감각 기관을 통해 외계와 소통한다는 것이다. 이것은 자명한 사실임에도 불구하고 잘 인지되지 않는다. 그 이유는 이 주체가 자신을 객관화시킬 수 없기 때문이다. 눈이 있다는 것을 알려면 눈 밖에서 눈을 바라보아야 한다. 그런데 눈은 자신의 밖으로 나갈 수 없기에 자기 존재를 알 수 없다. 눈은 끝까지 자신의 존재를 알지 못할 것이다.

이와 같은 절대 주체가 신이라고 하면 유신론자들은 크게 반발할 것이다. 우리가 숭배하는 위대한 신이 기껏 내 의식이라고 하니 말이다. 특히 기독교에서는 인간을 '죄 덩어리'로 여기는데 그런 인간이 지닌 의식을 신이라고 하니 말도 안 된다고 할 것이다. 인간의 의식은 욕정과 거짓, 성냄 등 온갖 어리석음으로 점철되어 있는데 그게 어떻게 신이 될 수 있겠는가? 하지만 절대 주체로서의 의식은 기독교도들이 파악하는 인간의 의식과 다른 것이다. 절대 주체 의식은 모든 것의 근본이 되는 의식으로, 악으로 휩싸여 있는 인간의 의식을 초월해 있다. 이 문제는 선과 악의 관계에 대한 것으로 간단하지 않은 주제라 여기서는 더 이상 논의하지 않기로 한다. 이 문제에 더 천착하면 길을 잃을지도 모른다.

앞서 우리가 절대 실재의 속성을 분석하면서 알 수 있었듯 신은 바깥 저기, 아니면 하늘 높은 곳 어딘가에 있는 존재가 아니다. 논리적으로 따져봤을 때 신은 밖이 없는 절대 주체일 수밖에 없다고 했다. 우리 내면에 있는 절대 의식도 절대 주체다. 이 둘의 속성이 일치하기 때문에 둘은 같은 것이다.

사실 이러한 주장은 동양 종교들이 부단히 가르쳐온 것이다. 이 가르침을 가장 잘 반영하는 대표적 교리는 힌두교의 '당신이 그것이다' 즉 '아트만이 브라만이다'라는 교리다. 이와 같은 태도는 선불교에서도 발견되는데, 여기서 내세우는 것은 전적으로 절대 주체로서의 자아밖에 없다. 선불교에서는 이 자아를 진아真我라고도 부른다. 선사들은 모두 입을 모아 '우리의 진아는 태어난 적도 없고 죽은 적도 없다'라고 주장한다. 다시 말해 절대 주체는 시간을 초월해 영원하다는 것이다. 앞서 설명한 내용을 이해했다면 이러한 주장을 어렵지 않게 파악할 수 있다. 절대 주체로서의 진아는 상대가 없기 때문에 전체다. 전체라는 것은 태어나고 죽는 일이 없다. 처음부터 그대로였고 끝까지 그대로일 것이다. 왜? 이유는 간단하다. 전체기 때문이다.

이러한 맥락에서 선불교의 표어 중 하나인 '직지인심直指人心'을 이해할 수 있다. 선불교의 가르침은 '불립문자', '교외별전', '직지인심', '견성성불'이라는 네 가지 표어에 축약되어 있는데 그 중 직지인심을 제대로 이해하는 사람은 그리 많지 않다. '진리는 문자로 표현할 수 없다不立文字'라든가 '진리는 경전과 별도로 전해진다教外別傳'라는 등의 말은 어렵지 않게 이해할 수 있다. '진짜 성품 자리를 보고 부처가 되라見性成佛'라는 표어는 너무 상식적이다. 그 내용이 뻔해 하나마나한 소리 같은데 문제는 성품 자리가 무엇이냐는 것이다. 무엇이기에 그것을 보라고 하는 것일까? 그 자리에 대한 설명이 바로 직지인심이다.

사실 직지인심이라는 표어는 조금 생뚱맞은 면이 있다. 직역하면

'사람의 마음을 직접 가리키다'인데 이게 무슨 소리인지 그 뜻이 애매하다. 사람의 마음을 가리키는 것은 별 의미가 없는 말 같은데 왜 이런 문장이 선불교의 핵심을 드러낸다고 하는 것일까? 여기서 중요한 것은 '직지'다. 직접 가리킨다는 뜻인데, 이때 가리킴의 대상이 되는 것은 결코 대상화될 수 없는 인간의 '가장 깊은' 의식이다. 객체화해 이해하는 일이 가능한 인간의 표면 의식이 아니라 절대 주체로서의 의식을 말하는 것이다. 직지인심은 사유의 대상이 아니라 사유의 주체를 '직접' 가리킨다는 의미다.

그런데 여기에도 어쩔 수 없는 한계가 있다. '가리키다'라는 단어 때문인데, 무엇을 가리킬 때는 가리키는 주체와 가리켜지는 객체가 있어야 한다. 절대 자아는 객체일 수 없기 때문에 이러한 이원론적 접근이 허용될 수 없다. 그러나 이것은 언어의 한계라 어쩔 수 없는 일이다. 그 한계를 알고 이 주장에 들어 있는 의미만 파악하면 될 것이다.

그토록
깨닫고 싶다면

이제 절대 실재에 대한 설명을 마무리해야겠다. 절대 실재를 여전히 이해하기 어렵더라도 괜찮다. 이 주제는 그렇게 쉽게 알아차려 내 것으로 만들 수 있는 내용이 아니다. 수 년, 아니 수십 년을 배워도 완전하게 터득하기는 어려울 것이다.

그리고 이러한 주제를 공부하는 일은 때가 있다. 학교에서 하는 것처럼 가르치면 누구나 따라올 수 있는 그런 것이 아니다(학교에도 따라오지 못하는 학생이 적지 않게 있지만). 또 개인마다 편차가 커서 일률적으로 말할 수 없다. 아이큐가 높다고 이런 이야기를 바로 알아듣는 것도 아니다(물론 머리가 좋으면 다른 사람보다 더 빨리 요해할 수는 있다!). 다만 이러한 설명을 접했을 때 할 수 있는 만큼의 이해만 하면 된다. 더 이상 할 필요도 없지만 더 하려고 해도 되지 않는다. 기다리고 있으면 또 때가 온다.

어쨌든 절대 실재를 어느 정도 이해했다면, 목적지가 정해지고 그곳에 대한 충분도 지식도 갖춘 것이다. 이제 그곳으로 가는 일만 남았다. 그런데 어떻게 가야 할까? 거기까지 가려면 비틀즈가 노래했던 것처럼 'A long and winding road'를, 길고 지난한 길을 걸어야 한다. 초등학교를 졸업하고 중학교, 고등학교, 대학교를 마치면 다 이수되고 인정받는 그런 길이 아니다. 사람마다 달라 누구는 성공하고 누구는 성공하지 못한다. 대부분은 실패하고 마는 참으로 이상한 길이다. 이상하고 어려운 길이지만, 다행히 세계종교들이 이 길을 가는 방법을 다양하게 제시했다.

이제 그것을 보려 하는데 그 전에 다시 한번 환기하고 싶은 게 있다. 지금까지 말한 절대 실재나 지고의 의식 상태는 저 멀리 혹은 저 높은 곳, 다시 말해 저 밖에 있는 것이 아니라고 했다. 그것은 지금 바로 여기 있다. 따라서 어디로 갈 필요도 없다. 그러면 우리는 무엇을 해야 할까? 아무것도 할 게 없다. 그저 내가 지닌 관점 혹은 틀을 바꾸면 된다.

우리가 사물을 있는 그대로 보지 못하는 이유는 우리의 시각이 왜곡되어 있기 때문이다. 굴절된 안경을 쓰고 있는 것이다. 이런 안경을 쓰고 세상을 보면 세상이 있는 그대로 보일 리가 없다. 이 이야기를 들으면 해결책이 간단하다고 생각할지 모르겠다. 안경만 벗으면 될 것 아니냐고 말이다. 그런데 그게 그렇게 간단하지 않다. 그 안경은 보통 안경처럼 몸에서 분리될 수 있는 것이 아니라 몸의 일부처럼 내장되어 있기 때문이다.

이것을 현대적 용어로 말하면 이러한 가치관이 우리 의식에 프로그램되어 있다고 할 수 있다. 의식에 프로그램되어 있어 분리하기 힘든 것이다. 이 난국에서 벗어나려면 기존의 프로그램을 푸는 디프로그래밍 작업을 해야 한다. 그런데 이와 비슷한 내용을 전하는 경전이 있어 우리의 흥미를 자아낸다. 《도덕경》에 따르면 '세속 학문은 더하고 더하는 것[益之又益]'인데 자기의 배움은 '덜고 또 더는 것[損之又損]'이다. 이를 거칠게 해석해보면, 도를 깨닫는 일은 어떤 새로운 지식을 얻는 것이 아니라 지금 있는 것들을 걷어내기만 하면 되는 일이라 할 수 있다.

어느 교수가 선을 물어보려 선사를 찾았다. 교수가 선이 무엇인지 물었고 그 질문에 선사는 찻잔에 물을 계속 부을 뿐이었다. 자연히 물이 넘쳤다. 이를 본 교수는 물이 넘치니 그만 부으라고 소리쳤다. 그러자 선사가 말했다. "교수, 당신의 머리 안이 이렇게 꽉 차 있는데 내가 어찌 선에 대해 말해줄 수 있겠소?" 선사는 교수의 머릿속에 프로그램된 것들을 지우고 오면 선에 대해 가르쳐주겠다는 말을 하려 했을 것이다.

《도덕경》의 주장이나 교수의 일화는 상당히 그럴 듯하다. 무엇인가 깊은 뜻을 지니고 있는 것처럼 보이는데, 사실 이 이야기들에는 문제가 도사리고 있다. 먼저 노자를 보면, 도를 찾는 작업을 '덜고 또 더는 것'이라 했으니 우리는 매일 무엇인가 덜어내야 한다. 하지만 그렇게 덜어낸다고 해서 내가 지닌 가치관이나 생각을 완전히 지울 수 있을까? 우리의 노력으로 아무것도 없는 공에 다다를 수 있을까?

이 문장을 쓴 사람은 유한과 무한의 관계를 잘 모르는 사람인 듯하다. 이렇게 큰 주제를 쌀독에서 쌀 퍼내는 것 정도로 생각했기 때문이다. 쌀독에 있는 쌀을 다 퍼내면 그 독이 비는 것처럼 우리의 의식에 있는 프로그램도 계속해서 지워나가면 완전히 없어질 것으로 생각한 것이다. 그러나 그가 주장한 것은 이원론적 유한의 세계에서만 맞는 일이다. 도의 경지는 무, 그것도 절대 무의 세계다. 무는 유를 제거해 도달할 수 있는 경지가 아니다. 유를 계속해서 없애고 없애도 무가 되지 않는다. 유한은 언제나 유한이고 무한은 언제나 무한이기 때문이다. 마찬가지로 우리의 의식에 프로그램된 여러 가치관이나 생각은 완전하게 지울 수 없다.

문제는 여기서 그치지 않는다. 덜어내려는 생각도 없애야 하기 때문이다. 이 생각조차 없어야 절대 무의 경지에 갈 수 있는 것이다. 무엇을 하려는 생각이 완전히 없어져야 초월의 경지에 갈 수 있다. 노자의 주장에서는 없애려는 생각이 여전히 남기 때문에 그런 상태로는 결코 초월의 영역으로 가지 못한다. 의식에 프로그램되어 있던 다른 가치관이나 생각을 없애는 일은 가능할지 모르지만, 그 없애려 하는 생각은 여전히 남아 의식이 무나 공으로 가는 길을 막는다. 어떤 식으로든 노력을 하면, 그 노력 자체가 그 생각이기 때문이다. 우리가 진정으로 깨달음을 지향한다면 아무것도 할 필요가 없고 어떤 것도 해서는 안 된다는 사실을 다시금 확인할 수 있다.

교수 이야기도 마찬가지다. 무엇인가 심오한 것이 있는 것처럼 보이지만 조금만 따져보면 금세 부실함이 느껴진다. 선사는 교수의 머리가 다른 사람의 생각으로 가득 차 있으니 머리를 다 비우고 오라 했다. 이렇게 머리를 다 비우는 일은 가능하지 않다. 아무리 비우려 해도 비우려 하는 그 욕망은 남기 때문이다. 설혹 머리를 다 비우는 데 성공했다고 치자. 그러면 이것은 깨달음의 경지에 간 것이다. 그렇다면 선사를 찾아와 선을 물을 것도 없다. 깨달았는데 누구를 찾아간단 말인가?

이렇게 보나 저렇게 보나 깨달음을 얻기 위해, 혹은 신과 같은 절대 실재를 만나기 위해 우리가 할 수 있는 일은 없는 것처럼 보인다. 그러나 세계의 종교들은 그 경지로 갈 수 있는 여러 길을 제시하고 있다. 그 중에는 매우 유의미한 것도 많다. 따라서 이것들을 검토하는 일이 필요한데, 이러한 방법들이 과연 우리를 절대 영역으로 데려다 줄수 있는지 여부는 이를 먼저 살펴보고 판단할 일이다. 이 중 하나의 길을 택해 절대의 경지에 갔다면 성공한 것이다. 그렇지 않고 어떤 방법으로도 경지에 이르지 못했다면 그것도 큰 수확이 될 것이다. 적어도

진리는 어떠한 방법으로도 가까이 갈 수 없다는 것을 깨달았기 때문
이다.

STEP

4

수행, 버무리며
완성하기

네 번째 단계는 수행이다. 삶은 면발과 소스가 준비되었다면, 이제 남은 일은 먹는 것이다. 하지만 그 전에 면과 소스를 버무려야 한다. 도약과 초월의 의미를 되새기며 불굴의 의지로 삶의 환희에 도달하는 것. 그 버무림의 방법이 바로 수행이다.

길

이제 우리는 마지막 부분에 다다랐다. 남은 과제는 궁극의 경지에 이르는 방법이다. 사실 이렇게 말하는 것은 앞선 주장을 뒤엎는 것이다. 절대 실재는 어떤 상태나 어떤 영역에 있는 것이 아니기 때문이다. 그래서 인도의 철학자 지두 크리슈나무르티와 같은 사람은 일찍이 진리를 '갈 수 있는 길이 없는 땅'으로 설명했고, 그의 후배였던 유지 크리슈나무르티는 아예 진리나 깨달음과 같은 것은 존재하지 않는다고 주장했던 것이다. 그러면 우리는 아무것도 하지 않고 손을 놓아야 하는 것일까? 두 사람은 종교나 수행에 관한 한 갈 데까지 가보았기 때문에 이런 말을 할 수 있겠지만, 시작도 제대로 하지 못한 우리는 선뜻 그렇게 말할 수 없다.

진리고 수행이고 다 필요 없다고 말하기 전에 우리가 한번 시도해 봐야 할 수행법이나 그 외의 방법들이 많다. 세계의 고등종교가 제안

하는 방법만 해도 부지기수다. 이러한 방법들 가운데 일부를 시도해보고 그것들이 소용없다는 것을 알게 되면, 그때는 위의 스승들과 같은 입장에 서도 될 것이다. 시도해보지도 않고 그러한 입장을 취하는 것은 오만한 태도라 할 수 있다. 이것은 흡사 초등학생이 말로만 대학원생 흉내를 내는 것과 같다. 하룻강아지가 범 흉내를 내는 것이다.

이제 그 방법을 보자. 상당히 많기 때문에 그것들을 다 검토해볼 수는 없다. 아마 한평생을 바쳐도 그것들을 전부 경험할 수는 없을 것이다. 그러나 그 방법들의 특징들을 알면 그것들을 분류해 전체적으로 파악하는 일은 가능할 것이다. 필자가 판단하기에 가장 단순하면서도 적절하게 그 방법들을 정리한 것은 인도의 요가에서 말하는 세 가지 길이 아닌가 한다.

궁극의 경지로 가는
세 가지 방법

세 가지 길은 '지혜의 길(즈냐냐 요가)'과 '헌신의 길(박티 요가)', '행위의 길(카르마 요가)'을 말한다. 인도인은 이 길을 통해 인간이 절대 실재를 경험할 수 있다고 생각했다. 사람들은 대체로 이 세 가지 길 중에서 하나를 택한다. 어떤 길을 택하는지는 사람에 따라 다르다. 이 선택은 사람의 성향과 관계가 있으니 자신의 성향에 맞는 길을 선택하면 된다.

이때 말하는 사람의 성향이란 무엇을 뜻하는 것일까? 이와 관련된 오래된 신념 중 하나는, 인간은 삶을 지속하기 위해 주요한 기능faculty 세 가지를 사용한다는 것이다. 다시 말해 한 사람이 인간이려면 세 가지 기능을 갖고 있어야 하는데 그것은 전통적으로 '지정의知情意'라는 이름으로 불려왔다. 이것은 알고knowing, 느끼고feeling, 행하는doing 기능을 말한다. 인간은 이 기능을 적절히 배합해 매일의 삶을 영위하고 있다.

중국의 도교적 인간관은 아주 오래전부터 인간을 이처럼 파악하고 있었을 뿐 아니라 이에 상응하는 몸의 부위를 밝혀내고 거기에 적절한 용어까지 부여했다. 지금 말한 몸의 부위는 세 단전을 말하는데, 이것은 사람들이 단전에 대해 흔히 알고 있는 내용과 다를 것이다. 일반적으로 알려진 단전은 배꼽 밑에 위치한 하단전下丹田이다. 사람들은 여기에만 단전이 있다고 여기는 편인데, 원래 이 외에도 이마에 위치한 상단전과 가슴에 위치한 중단전이 있다. 그래서 세 단전이라 하는 것이다.

각 단전에는 그에 상응하는 기운이 있다. 상단전에는 신神, 중단전에는 기氣, 하단전에는 정精이 있다. 도교의 도사들이 명상을 할 때 주된 목표는 중단전의 '기'를 이용해 상단전의 '신'과 하단전의 '정'을 조화롭게 융합하는 것이다. 그럼으로써 온전한 인간이 되고 더 나아가 신선이 될 수 있다. 우리가 일상적으로 쓰는 '정신'이라는 단어가 바로 여기서 나왔다. '정기신'에서 가운데 '기'가 빠져 '정신'이 된 것이다. 도교의 인간관은 매우 흥미롭지만, 옆길로 새지 않기 위해 이에 대한 설명은 여기서 그치는 것이 낫겠다.

우리는 이처럼 세 가지 기능을 적절히 활용하면서 일상생활을 하는데, 이때 사람마다 세 기능이 다르게 나타난다는 점을 간과해서는 안 된다. 기능의 발달 정도가 다르기 때문이다. 예를 들어 어떤 사람은 밑의 두 단전보다 상단전에 해당하는 머리가 더 발달할 수 있고 또 어떤 사람은 중단전에 해당하는 가슴의 능력이 유달리 더 발달할 수 있다. 또 어떤 사람은 하단전과 중단전이 같이 발달할 수도 있을 것이다. 학자들은 전형적인 상단전 인간이라 할 수 있다. 그들은 가슴이나 배보다 머리에 집중해 살기 때문이다. 그런가 하면 예술가, 그중에서도 음악가나 무용가들은 가슴 쪽에 치중해 사는 사람들이라 할 수 있다. 감정이 풍부해야 음악이나 춤을 잘 할 수 있기 때문이다. 그리고 운동을 하는 사람들은 배로 사는 사람이라 할 수 있다. 이들은 어떤 능력보다 행동을 우선시하기 때문이다.

그렇다고 해서 사람들이 한 가지 능력만 활용하면서 산다는 것은 아니다. 운동선수인데 머리가 비상하게 발달했을 수도 있고 예술가이면서 뛰어난 추리력을 가질 수도 있다. 종교의 길을 가는 사람도 마찬가지다. 가령 절이나 수도원에 틀어박혀 참선이나 여러 명상 수행만 하는 사람은 전형적인 상단전 인간이다. 그런데 그가 신이나 붓다에게 기도를 하면서 수행을 같이 한다면 상단전과 중단전을 동시에 활용하는 것이다. 만약 테레사 수녀와 같이 기본적으로 가슴의 길 즉 헌신의 길을 따르면서 행위의 길도 걷는다면, 그는 중단전과 하단전의 기능을 활용한다고 할 수 있다.

말이 나와서 말이지만 기독교나 이슬람교와 같은 유신론 종교는 기본 성향으로 보면 헌신의 길이라 할 수 있다. 신에게 자신을 헌신함으로써 구원의 길을 가는 종교기 때문이다. 그 가운데서도 신학과 같은 학문을 하는 사람은 지혜의 길을 가고 있는 것으로 볼 수 있다. 이에 비해 불교는 원래 전형적인 지혜의 길이었다. 수행을 통해 지혜를 얻어 해탈을 달성하는 것을 목표로 하고 있으니 말이다. 그러나 불교도 대부분은 이런 길보다 붓다나 관음보살을 숭배하는 헌신의 길을 가고 있다. 이렇듯 세계종교들은 두세 가지 길이 혼합된 형태로 나타나고 있다.

가장 전형적인 종교적 길은 첫 번째와 두 번째 길이다. 그 이유는 각 전통을 보면 쉽게 알 수 있다. 예를 들어 가톨릭을 살펴보면 이 종교가 아무리 방대하다 하더라도 그 조직은 교회와 수도회 단 두 개로 구분된다. 그 중 교회는 예배를 드리니 가슴에 치중해 종교 생활을 하는 곳이고, 수도회는 가슴보다 머리를 더 많이 활용해 종교 생활을 하는 곳이다. 이것은 불교도 마찬가지다. 중국이나 한국, 일본의 불교를 보면 마지막까지 남은 종파는 선불교와 정토종인데, 지식인들은 대체로 선불교를 따랐고 일반 교도들은 대부분 정토종을 신봉했다. 선불교는 앞서 본 것처럼 머리로 지혜를 닦는 길이고, 정토종은 가슴으로 염불을 외움으로써 극락왕생을 꾀하는 길이다. 헌신의 길인 셈이다. 이처럼 기독교와 불교 모두 첫 번째와 두 번째의 길에 치중되어 있다.

그런데 우리는 두 가지 길 가운데서도 첫 번째 길을 더 중시해 볼 것이다. 첫 번째 길에 비해 두 번째 헌신의 길은 설명할 것이 그리 많지 않기 때문이다(세 번째 행위의 길도 마찬가지다). 헌신은 말 그대로 완전한 복종을 뜻하는 것이니 다양한 방법이 있을 필요가 없다. 무조건 복종하면 된다. 그렇다고 해서 이 방법이 쉽다는 것은 결코 아니다. 어떻게 보면 이 길은 지혜의 길보다 더 어려울 수 있다. 이것은 뒤에서 자세히 설명할 것이다. 헌신하는 방법은 그 원리가 비교적 간단하기에 할 말이 많지 않지만, 지혜의 길에는 그지없이 다양한 수행법이 있다. 그것을 이해하려면 많은 설명이 필요하다. 그러면 먼저 지혜의 길로 들어가보자.

불굴의 의지가 필요한
지혜의 길

필자는 개인적으로 지혜의 길이 가장 종교적인 길이라 생각한다. 그런데 이 길은 극소수의 사람만이 갈 수 있는 길이다. 이유는 자명하다. 이 길을 가는 사람은 뛰어난 지성과, 어떤 난관도 뚫고 나갈 수 있는 의지나 정신력 등 출중한 능력이 필요하기 때문이다. 이 길은 혼자 가기가 매우 힘들다. 주위에 누군가가 같이 있어야 한다. 그것이 기존 교단이 아니라면 작은 규모의 공동체라도 있어야 한다. 사람이 사는 데 가장 기본이 되는 숙식의 문제를 해결할 수 있어야 하기 때문이다. 그러한 기본적 문제가 해결되지 않은 상황에서는 어떠한 수행도 할 수 없다. 수행의 길은 거룩하고 훌륭해 보이지만 주위의 도움이 없으면 갈 수 없다. 다른 사람의 전적인 지원이 필요하다.

　수행을 할 때 만일 승가僧伽와 같은 기존의 수행 공동체가 없다면 적어도 한 사람은 옆에서 수행자를 돌봐주어야 한다. 기본적인 것을 챙겨주어야 할 뿐 아니라 수행을 하는 동안 예기치 못한 일이 일어날 수 있기 때문에 누군가가 반드시 있어야 한다. 붓다도 출가한 후 기존의 수도 공동체에 들어가 수행을 했고 후기에는 아버지가 보냈다고 믿어지는 다섯 명의 수행자와 같이 수행을 했다. 그가 정말 혼자 있었던 것은 깨닫기 전 마지막 칠 일뿐이었다. 불교에서는 수행을 할 때 무소의 뿔처럼 혼자 가라고 하는데 수행의 길은 절대 혼자 갈 수 없다. 도반이나 시자가 없으면 안 된다.

　마지막으로 하나 더, 스승이 꼭 필요하다. 이 길은 너무 힘들고 먼 길이라 스승이 앞에서 이끌어주지 않으면 헤매지 않고 제대로 가기가 거의 불가능하다. 또 수행 과정에는 전혀 겪어보지 못한 이상하고 위험한 일들이 많이 생기기 때문에 초행자 혼자서는 그 난관을 돌파하기 힘들다. 아니 불가능하다고 보는 게 낫겠다. 동양 종교에서는 스승이 없이는 깨달을 수 없다고 할 정도로 이 길에서는 스승의 역할을 중시한다. 이러한 여러 조건이 갖추어져야 수행에 전념할 수 있으니 수행을 한다는 게 얼마나 힘들고 대단한 일인지 알 수 있지 않을까 싶다.

　사실 위에서 열거한 것보다 더 중요한 조건이 있다. 수행자가 이른바 궁극적 관심에 사로잡혀야 한다는 것이다. 이때 말하는 궁극적 관심이란 '인생의 진정한 목적은 무엇인가?' 혹은 '진정한 나를 찾으려면 어떻게 해야 하는가?'와 같이 삶에서 가장 중요한 것에 대한 의문과 관심을 뜻한다. 이런 관심을 통해 수행자의 동기가 강하게 촉발되어야 제대로 된 수행을 할 수 있다. 그저 '수행 좀 해볼까' 하는 식의 호기심으로는 수행할 때 만나는 난관을 뚫을 수 없다. 진정한 수행을 하려면 '깨치지 못하면 살 수 없다, 혹은 살 필요가 없다'와 같은 각오나 '도대체 (깨치지 못한) 나는 어찌 하면 좋단 말인가?'와 같이 말할 수 없이 간절한 절박감이 있어야 한다. 이 각오는 인간이 내릴 수 있는 결정 중 가장 큰 것이다. 이와 함께 뒤로는 절대 물러서지 않겠다는, 소위 불퇴전의 정신이 있지 않으면 이 길은 갈 수 없다. 길이 너무 험난하기 때문이다. 엄청난 의지 없이는 조금도 전진할 수 없다.

어떤 등산가에게 왜 위험한 등반을 하느냐고 물으면 인간의 한계를 시험하기 위해서라고 답하는 경우가 있다. 또 백 미터 달리기에서 어떤 선수가 백분의 일 초 앞당긴 기록을 세웠다고 해서 인간의 한계를 넘어섰다는 말을 하는 경우도 있다. 모두 인간의 한계를 넘는 경험을 매우 귀중하게 생각하고 있는 것이다. 이것은 외부적 한계에 대한 도전으로서 그 도전의 목표가 뚜렷하다. 그래서 도전하는 모습이 보기도 좋고 주위에 자랑하기도 좋다. 게다가 성공하면 찬사가 쏟아질 뿐 아니라 금전으로든 명예로든 엄청난 보상을 받을 수 있고 자존감도 높아진다.

그런데 종교적 수행은 그러한 장점이 없다. 수행이란 어느 누구도 알아주지 않는 혼자만의 고행이고, 수행 과정에서 겪는 일들은 철저히 혼자 당하는 일이라 누구에게서도 위로받을 수 없다. 참선 수행을 예로 들어보면, 겉에서만 보면 그저 가만히 앉아 있으니 세상 편하게 보일 수 있다. 그러나 내적 사정은 그렇지 않다는 것을 해본 사람은 안다. 좌선을 해보면 처음에는 가만히 앉아 있는 것부터 힘들다. 몸이 뒤틀리고 등에 벌레가 기어가는 것 같고 침을 삼키기도 어색하게 느껴지는 등 도무지 제대로 앉아 있을 수가 없다. 몸도 몸이지만 정신도 산란하기 짝이 없다. 어디서 오는지 모르게 분노가 솟아오르는가 하면 갑자기 욕정이 치밀어 오르기도 한다. 또 아주 옛날 일이 갑자기 생각나고 특정한 사람이 기억난다. 이렇게 마음이 매우 혼란스럽기 때문에 화두를 들고 말고 할 게 없다. 내 마음과 별도로 화두는 둥둥 떠다닌다.

이처럼 어려운 길이기 때문에 궁극적 관심에 사로잡히지 않으면 안된다고 한 것이다. 아무리 명상하기 좋은 조건이 다 갖추어져 있다 하더라도 소용이 없다. 필자가 과거에 참선할 때를 회상해보면 초기에는 무릎을 포함해 다리에 엄청난 고통이 온다. 또 하루 종일 참선을 한다고 해서 무슨 진전이 있는 것도 아니다. 목표에 도달할 것이라는 보장도 전혀 없다. 이렇게 하다가 별 성과 없이 생을 마감할 수 있겠다는 생각도 들고 첩첩산중에 갇혀 있는 것 같은 답답한 느낌도 든다. 이렇듯 엄청난 난관이 많은데 이를 뚫고 나아가려면 궁극적 관심에 '콱' 걸려 있어야 한다.

참선과 같은 수행이 이토록 어렵기 때문에 필자는 사람들에게 인간의 한계를 시험하고 싶으면 좌선을 해보라고 말한다. 히말라야와 같은 높은 산을 등정하는 것만이 인간의 한계를 시험하는 일이 아니라는 말과 함께 말이다. 어떤 면에서는 이렇게 오랫동안 아무것도 하지 않고 가만히 앉아 있는 것이 더 힘들 수 있다. 자기 자신 혹은 자신의 무의식과 만나는 일이 더 어려운 일일 수 있다는 것이다. 이러한 사정을 감안하여 수행이라는 지혜의 길을 살펴보자.

지혜의 길에는 수많은 수련법이 있다. 가장 일반적인 것은 가만히 앉아서 하는 명상법이다. 이 외에도 몸을 움직이거나 춤을 추면서 수련하는 방법이 있고, 상당히 과격하지만 LSD와 같은 환각제를 사용하여 인식의 전환을 꾀하는 방법도 있다. 사실 환각제를 사용해 변이의식 상태, 즉 일상적이지 않은 여러 수준의 종교적 의식 상태를 유도하는 것은 일반적 수련 방법 중 하나였다. 특히 아메리카 대륙에 살던 원주민 부족들의 샤먼이 많이 사용했던 방법이다. 현대에도 윌리엄 제임스를 비롯해 헉슬리, 스타니슬로브, 리처드 앨퍼트(개명한 이름은 람다스) 등과 같은 학자들이 환각제를 이용해 자신의 무의식과 만나는 종교적 체험을 했다고 알려져 있다. 환각제를 복용하면 지각의 문이 넓어지거나 청결해져 사물의 본(?)모습을 볼 수 있고, 평상시의 의식이 얼마나 제한된 의식인지 알게 된다고 한다. 체험자들은 하나 같이 평상시의 의식으로 세상을 보는 것은 문틈으로 방 안을 보는 것과 같다고 이야기한다.

여기서는 명상법을 중심으로 볼 텐데, 이 명상법도 대단히 다양하다. 대표적인 것 몇 가지만 추려보겠는데, 중요한 것은 이처럼 다양한 명상법이 공통적으로 추구하는 것이 무엇인지 알아보는 일이다. 이를 염두에 두면서 우리에게 가장 친숙한 불교의 참선법부터 설명해보자.

지혜의 길 1
선불교

불교는 북방 불교(대승)와 남방 불교(장로 불교, 소승), 티베트 불교(금강승)라는 세 개의 큰 종파로 나뉘어 발전했다. 그런데 흥미로운 것은 각 종파마다 자신만의 고유한 명상법을 갖고 있다는 사실이다. 북방 불교는 참선법을, 남방 불교는 위빠사나법을, 티베트 불교는 밀교수행법을 대표적 명상법으로 갖고 있다. 여기서는 참선에 집중할 텐데 그렇게 하는 데는 몇 가지 이유가 있다.

먼저 불교 종파 가운데 한국인이 가장 친숙하게 생각하는 종파가 선불교라는 이유를 들고 싶다. 선불교는 한국에서 천 년을 넘게 이어 온 유구한 전통이다. 역사만 오래된 것이 아니다. 현재 한국의 대표 종단인 조계종은 그 중심 전통을 선불교로 잡고 있다. 따라서 한국의 불교도들은 선불교를 가장 중요한 불교 전통으로 생각하고 있다. 다소 생경한 남방 불교의 위빠사나법이나 티베트의 밀교수행법을 검토하는 것보다 이처럼 익숙한 선불교의 참선법을 살펴보는 것이 명상법을 이해하는 데 더 도움이 될 것이라 생각한다.

불교는 서양을 뚫은 극소수의 외래 종교다. 오늘날의 세계는 서양의 문화가 보편 문화처럼 되어 있어 서양의 종교가 비서양권에 전달되는 경우는 흔해도 그 반대의 경우는 별로 없다. 물론 국소적으로는 비서양권의 문화나 종교가 서양에 수입되는 경우가 적지 않게 있었다. 그러나 선불교처럼 서양인들이 외래 종교를 기꺼이 그리고 큰 규모로 수입하는 경우는 거의 없었다.

종교 분야는 정신세계와 관계되기 때문에 외래 종교가 다른 나라나 문화에 침투하는 일은 쉽게 일어나지 않는다. 지구상에 있는 다양한 민족을 보면, 일단 특정 종교를 믿기 시작한 후에는 자신들의 신앙을 다른 종교로 바꾸는 일을 거의 하지 않는다. 정신세계는 그만큼 바꾸는 일이 어렵기 때문이다. 예를 들어 아랍인이 이슬람교를 버리고 다른 종교를 택하는 일은 거의 일어나지 않을 것이다. 또 인도인도 힌두교를 버리고 다른 종교를 택하지 않을 것이다(그런 면에서 인구의 사분의 일이 전통 신앙을 버리고 기독교로 개종한 한국인의 사례는 매우 이례적이다).

서양도 마찬가지다. 서양의 정신세계는 기독교 중심이라 다른 종교를 전혀 받아들이지 않았다. 게다가 백인들은 자신이 이룩한 문명에 자신감이 넘쳐 다른 종교에 별 관심을 두지 않았다. 그런데 이러한 자신감을 뚫고 그들의 정신세계로 진입한 것이 불교다. 불교는 지금까지 서양의 백인이 전반적으로 받아들인 유일한 외래 종교일 것이다. 현재 자신의 종교를 불교로 고백하는 백인은 수백만 명에 이른다. 이것은 서양 역사상 처음 있는 일이다.

불교는 어떻게 해서 서양에 침투할 수 있었을까? 답은 아주 간단하다. 불교가 워낙 명품이기 때문이다. 서양인의 눈에 불교는 세계종교 가운데 가장 이성적인 종교이자 포용 정신이 뛰어난 종교로 보였을 것이다. 그들은 이런 종교를 아마 처음 보았을 것이다.

불교 중에서도 지금 서양에서 가장 유행하고 있는 불교 종파는 선불교와 티베트 불교다. 선불교의 인기가 특히 더 높은데 왜 그럴까? 선은 명품 중 명품이기 때문이다. 불교가 명품이라 했는데 전체 불교 가운데 선이 또 명품이니 선은 명품 중 명품이 될 수밖에 없다. 선은 특히 젊은 백인들이 좋아하는 것 같다. 그 이유는 아마 선에는 도그마가 없기 때문일 것이다. '이것만이 진리다'라고 주장하지 않기 때문에 다른 종교를 믿는 사람도 얼마든지 선을 수행할 수 있다. 그리고 선 앞에서는 모든 것이 부정되어야 하기에 그 안에는 엄청난 자유의 정신이 있다. 이러한 우상파괴 정신이 백인 젊은이들을 사로잡은 듯하다.

선불교는 인도 문명과 중화 문명이 융합해 창조된 것이다. 구체적으로 인도의 대승불교와 중국의 노장 사상이 창조적으로 융합한 것인데, 중국 사상에 많은 관심을 기울인 토머스 머튼Thomas Merton 신부는 이러한 맥락에서 선불교를 '깨달음의 중국적 해석'이라 했다. 노장 사상이 선에 끼친 영향은 선의 첫 번째 표어인 불립문자에서부터 명확하게 보인다. 이런 식의 표현은 대승불교에서는 찾아보기 힘들다(불교 경전은 보통 '나는 이렇게 들었다[如是我聞]'로 시작한다). 이 표어는《도덕경》의 첫 번째 구절 '도를 도라 말하면 도가 아니다'를 연상시키기에 충분하다. 언어 구사와 논리에 대한 이 같은 지독한 불신은 인도 불교에서는 보이지 않는, 선불교만의 특색이다.

이렇게 보면 선은 불교보다 노장 사상에 훨씬 가깝게 보인다. 그런데 노장 사상에는 약점이 있었다. 무슨 약점일까? 노장 사상은 절대 실재에 대해 대단히 훌륭한 설명을 제공하고 있지만, 철학의 영역에 그쳐 그 실재로 갈 수 있는 방법을 제시하지 못했다. 그러니까 노장 사상가들은 목적지에 대해서는 대단히 좋은 정보를 주었는데 그곳까지 가는 방법에 대해서는 함구했던 것이다. 모르니까 어쩔 수 없었을 것이다. 이 방법을 찾기 위해 중국인들은 불교가 유입되기를 기다리지 않았을까? 이윽고 불교가 들어오자 중국의 종교적 천재들은 자신들의 사상인 노장과 불교를 융합하기 시작했다. 그리고 선불교라는 대단히 독창적인 사상 체계와 수련 방법을 창안해냈다. 선불교만의 독특한 수행법인 화두 참구법은 이러한 과정을 거쳐 나온 것이다. 물론 선불교에는 다른 수행법도 있지만 화두선이 가장 일반적이며 전 세계적으로도 이 방법이 가장 많이 쓰인다. 한국도 이 전통을 이어받고 있다.

선 명상의 대표
화두선

화두선의 수행법은 매우 간단하다. 가부좌를 틀고 앉아 화두를 들고 집중만 하면 되기 때문이다. 선불교에서는 왜 이러한 방식으로 수행을 하는 것일까? 왜 다른 수행법에는 없는 화두를 이용하는 것일까? 이것을 알려면 화두에 대해 먼저 알아야 한다. 화두는 공안公案이라고도 하는데 영어로 번역하면 'public document'가 된다. 이것 자체로는 아무 의미를 찾을 수 없기 때문에 의역을 해야 된다. 이 경우 화두나 공안은 글자의 뜻과 관계없이 'nonsensical story' 즉 '말도 안 되는 소리'로 풀이한다. 그야말로 넌센스인 것이다.

왜 화두를 '말도 안 되는 소리'로 번역하는지는 화두의 내용을 보면 쉽게 알 수 있다. '한 손바닥이 내는 소리를 찾아오라' 혹은 '부모에게서 태어나기 전의 너의 진면목을 찾아오라' 등이 중요한 화두들인데 이러한 이야기는 딱 봐도 말이 안 된다. 손바닥으로 소리를 내려면 두 손바닥을 부딪쳐야 되는데 어떻게 한 손바닥으로 내는 소리를 찾을 수 있겠는가? 부모에게서 태어나기 전이면 내가 이 세상에 존재하지 않는 때인데 무슨 진면목을 찾아올 수 있겠는가?

그런가 하면 제자의 진지한 질문에 그와 전혀 관계없는 답을 하는 경우도 많다. 가장 전형적인 예는, 제자가 심각하게 불법이 무엇인지 물었더니 스승이 밑도 끝도 없이 '똥 막대기다'라고 대답한 것이다. 불법과 똥 막대기는 아무런 관계가 없는 것인데 연관을 지었으니 이상한 답이 아닐 수 없다. 스승은 아마 그의 의식 속에서 생각하는 작용이 시작되기 전에 마음에 떠오르는 것을 말했을 것이다. 우리가 타인과 문답할 때 상대방이 이상한 답을 하면 선문답하는 것 같다고 하는 말이 여기서 나온 것이다. 스승이 왜 이런 식으로 답을 했는가에 대해서는 뒤에서 상세하게 다룰 예정이다.

끝으로 조금 다른 차원의 화두도 있다. 개인적인 생각으로 이 화두는 앞서 제시한 화두보다 차원이 높은 것 같은데 '이 뭐꼬'와 같은 화두가 그것이다. 앞뒤 맥락 없이 '이게 무엇인가'라고 묻는 것이다. 이 화두는 앞의 화두들과는 달리 어불성설은 아니다. 그냥 '이게 무엇이냐'라고 묻고 있는 걸 보면 평범한 화두로 볼 수도 있을 것이다. 그러나 이 화두는 상당히 심오한 의미를 지니고 있다. 선불교의 표어 직지인심을 연상시키기 때문이다. 인심人心, 다시 말해 절대 주체로서의 나 (혹은 나의 의식)가 무엇인지 묻는 질문인 것이다.

위의 화두 중 하나를 스승에게서 받으면 그때부터 그 사람은 화두를 들고 그것에 대해서만 생각(?)한다.[1] 예를 들어 '이 뭐꼬'라는 화두를 골랐다면 다른 생각 없이 계속해서 속으로 '이 뭐꼬'를 되뇌어야 한다. 이때 호흡은 자연스럽고 천천히 해야 한다. 이 수련에서 가장 중요한 것은 화두와 하나가 되어 전일하게 밀고 나아가야 한다는 것이다. 가능한 한 뇌에서 생각하는 작용이 일어나지 않게 모든 노력을 기울여야 한다. 그것이 화두에 전념하는 이유다. 왜 생각이 일어나면 안 되는 것일까?

선불교에는 '(우리의 마음 속에) 한 생각이라도 일어나면 (우리는) 진리와 사만팔천 리 멀어진다'와 같은 표현이 있다. 이게 무슨 말일까? 우리가 생각을 일으키는 순간 우리의 의식은 '생각하는 주체'와 '생각되는 객체'로 나뉜다. 이것은 수학 문제 같은 것을 풀 때는 적합한 방법이다. 즉 내가 주체가 되어 객체인 문제를 푸는 것이다. 그런데 절대 실재를 대할 때는 이 방법이 성립하지 않는다고 했다. 절대 실재는 대상화할 수 없기 때문에, 혹은 대상화되지 않기 때문에 내가 주체가 되어 그것을 객체로 놓고 파악할 수 없다. 만일 이런 일이 가능하다면 그 대상은 절대 실재가 아니다. 이 때문에 많은 종교에서는 신과 같은 절

---

1 승려가 일생 동안 계속해서 참구할 화두를 스승에게서 받는 과정도 간단하지 않은데 여기서는 거론하지 않겠다.

대 실재를 이성으로는 파악할 수 없다고 강력하게 주장한 것이다.

이러한 사정을 눈치 챈 중국의 뛰어난 불교도들은 어떻게 하면 우리 마음속에 생각이 떠오르지 않게 할 수 있을까에 대해 고심했다. 오랫동안 각고의 노력 끝에 그들이 고안해낸 것이 바로 화두였다. 그들은 수행자의 정신을 화두에 집중하게 하면 생각이 일어나는 것을 막을 수 있을 것이라 기대했던 것이다. 더불어 이러한 집중법이 초래할 수 있는 문제도 잘 알고 있었던 것으로 보인다. 수행자가 화두를 이성적으로 분석할 수 있다는 문제 말이다. 다시 말해 이원론적으로 주체인 수행자가 화두를 객체로 놓고 분석을 시도할 수 있다. 화두 참구법을 고안한 이들은 이러한 문제를 원천적으로 봉쇄하고자 앞서 본 것처럼 아무 의미도 없거나 말도 안 되는 문구를 화두로 만들었다. 그렇지 않겠는가? '불법이 똥 막대기'라고 하는데 이 문장의 의미를 어떻게 분석할 수 있겠는가? 아무 뜻을 찾지 못하니 그저 엄청난 힘으로 집중만 하게 될 것이다.

이렇게 강하게 집중하는 단계를 거쳐 수행자는 화두와 하나가 되어야 한다. 주객을 뛰어넘는 일을 성공하려면 화두와 하나가 되어야 한다는 것이다. 그리고 그 집중 상태를 전일하게 지속해야 한다. 어느 정도 지속해야 할까? 우선 좌선할 때만 화두를 들어서는 안 된다. 일상생활 속에서도 화두는 항상 들려 있어야 한다. 이러한 부분이 힘든 것이다. 예를 들어 다른 사람과 대화할 때도 수행자는 화두를 들고 있어야 한다. 심지어 잘 때도 화두는 들려 있어야 한다. 이렇게 완벽하게 집중하는 수행자는 잠을 잘 때도 화두를 든 자신의 모습을 주시할 수 있다고 한다.

이런 수행자는 잠에 들어가는 자신의 모습을 주시할 수 있다. 그러다 완전히 잠이 들면 잠 속에 깊이 들어간 자신을 바라볼 수 있다. 심지어 자면서도 옆 사람들이 하는 이야기를 다 들을 수 있다. 물론 이 모든 시간 동안 화두를 놓으면 안 된다. 아니 수행이 잘 되었다면 자연스럽게 화두는 들려 있을 것이다. 그러다 잠을 깨면 바로 일상생활로 돌아간다. 언제 잠을 잤는지도 모른다. 이 사람에게는 수면과 일상적 각성 상태가 동시에 진행되고 있는 것이다. 이런 사람은 한마디로 자면서도 깨어 있고 깨어 있으면서도 자고 있다고 할 수 있다.

이 상태가 일정 기간 지속되어야 하는데 얼마나 계속되어야 하는지는 사람마다 다르기 때문에 일률적으로 말할 수 없다. 선불교에서는 이런 수행자의 모습을 암탉이 달걀을 품은 모습에 비유하기도 한다. 암탉이 달걀을 품듯 은근하게, 그러나 느슨하지 않게 화두를 품고 있어야 한다는 것이다. 그렇게 계속해서 가다 보면 어느 날 전혀 예측하지 못한 때 뜻하지 않은 기회로 깨달음을 얻게 된다. 예를 들면, 어느 날 새벽에 자다가 돌이 떨어지는 소리를 듣고 깨달은 승려도 있었다. 그런 경우도 있지만 스승이 그 계기를 주는 경우도 많다. 스승은 이러한 과정을 다 거쳤기 때문에 제자가 지금 어떤 단계에 있는지 잘 안다. 그래서 적절한 때가 왔다고 생각되면 스승은 그 계기를 여러 방법으로 만들어준다.

스승은 제자를 계속해서 예의 주시하다가 그가 깨달을 수 있는 때가 됐다고 생각되면 그에게 일종의 '팁'을 준다. 그 팁은 문답이 될 수도 있고 소리를 지르는 것이 될 수도 있고 다른 어떤 행동이 될 수도 있다. 이것은 스승마다 다르고 당시 상황에 따라 다르기 때문에 일률적으로 말할 수 없다. 이것을 방금 전에 든 암탉의 비유로 설명해보자. 암탉은 병아리가 알에서 막 나오려 할 때 부리로 알을 살짝 쳐서 병아리가 부화하는 것을 돕는다. 병아리가 알 안에서 그 껍질을 깨는 것은 어려울 수 있다. 그러나 밖에서 힘을 가하면 안에 있는 병아리는 용이하게 껍질을 깰 수 있다. 스승이 제자를 깨우는 것은 바로 이와 같다. 이 일은 원숙한 스승만이 할 수 있다. '타이밍'이 극도로 중요하기 때문이다. 일찍 깨면 아직 준비가 안 된 병아리가 나올 테고 늦게 깨면 지친 병아리가 나올 수 있으니 말이다.

좌우간 수행자는 이런 과정을 거쳐 깨달음을 얻게 된다. 깨치게 되면, 생각 때문에 대상화된 왜곡된 세상이 아니라 실상, 즉 생각 이전에 존재하는 원래 세상을 보게 된다. 그 뒤로는 원래 세상과 이원론 속에 나타나는 세속의 세계를 동시에 살게 된다. 이 지경은 지극히 오묘한 경지라 필자의 능력으로는 더 이상 설명할 수 없을 것 같다.

지혜의 길 2
요가

현대 한국인은 요가라고 하면 '스트레칭'이라는 단어를 연상할 만큼 신체 운동이라고 생각하는 경향이 강하다. 태권도장에서도 요가라는 간판을 걸어놓고 요가를 몸 풀기 운동으로 활용하는 모습을 볼 수 있는데, 요가는 따로 간판을 세워둘 만큼 다른 몸 풀기 운동과 구별되는 독특한 특색이 있다. 거꾸로 서고 몸을 뒤로 강하게 꺾는 등 독특하게 보이는 동작이 많은 것이다. 이처럼 평소 하지 않는 동작을 하게 해서 몸을 푸는 운동은 별로 없다.

그런데 요가를 이렇게 보는 것은 지극히 협소한 생각이다. 협소해도 보통 협소한 것이 아니라 요가를 잘못 생각하는 것이다. 요가라는 단어의 원래 의미는 '결합'으로 알려져 있다. 그러니까 고유명사가 아니라 보통명사다. 그러면 무엇과 무엇을 결합한다는 것일까? 지금까지 이 책을 읽은 독자라면 곧 답할 수 있을 것이다. 요가는 전체(브라만)에서 분리된 내(아트만)가 다시 전체와 결합한다는 의미다.

구체적으로 말하면 요가는 이 둘을 결합할 수 있는 모든 수단을 뜻한다. 그래서 보통명사인 것이다. 전체와 다시 합일될 수 있는 방법이라면 모두 요가라 불릴 수 있다. 앞서 본 것처럼 지혜의 길과 헌신의 길, 행위의 길에도 각각 즈냐나 요가와 박티 요가, 카르마 요가라는 식으로 요가라는 말을 쓸 수 있다. 지혜나 헌신은 전체와 하나가 될 수 있는 매우 유용한 수단이기 때문이다. 그런가 하면 곧 보게 될 쿤달리니 요가처럼 특정한 방법을 지칭할 때도 요가라는 단어를 쓸 수 있다.

이 단계에서 우리는 인도 사상을 잠시 일별할 필요가 있다. 그러면 요가가 무엇을 뜻하는지 정확하게 알 수 있을 것이다. 인도 사상이 엄청나게 다양하다는 사실은 잘 알려져 있는데, 아무리 다양해도 어떤 공통된 요소를 찾아볼 수는 있을 것이다. 여러 인도 사상이 공유하는 요소는 네 가지다. '마야, 카르마, 요가, 니르바나.' 이 단어들은 무슨 뜻일까?

마야는 환幻이라는 뜻이다. 힌두교에서는 이 세상을 환상hallucination
이라 보는데, 이때 말하는 환상은 망상이라는 뜻이 아니라 우리가 선
입견이나 고정관념 때문에 세상을 있는 그대로 보지 못한다는 의미
다. 세상이 환상이니 우리는 여기서 벗어나야 한다. 그런데 세상에는
카르마 즉 인과응보라는 법칙이 있기 때문에 세상을 벗어나려면 카르
마 법칙을 잘 이해해야 한다. 단순히 이해만 해서는 안 되고, 몸으로
직접 수행을 해야 한다. 이것이 바로 요가다. 요가를 통해 우리는 니르
바나 즉 열반을 얻을 수 있다. 이처럼 요가는 인도 사상의 공통된 요소
라 할 수 있으며, 인도인에게 요가란 원래 '구원으로 가는 길path to the
salvation'이었다.

사실 요가의 핵심은 아득한 옛날에 이미 정리되었다. 우파니샤드
전통에 따르면 요가란 '감각 기관을 고정적으로 제어하는 것'이다. 이
보다 더 핵심을 찌른 내용은 기원전 2세기에 파탄잘리Patanjali가 쓴 《요
가수트라》라는 책에 나온다. 이 책의 맨 앞부분에서 파탄잘리는 '요가
의 목적은 마음의 작용을 멈추게 하는 것'이라는 매우 정확한 정의를
내린다. 이원론적 사고가 일어나면 깨달음과 완전히 반대로 가게 되
기 때문에 수행자는 마음에 생각이 일어나지 않게 해야 한다. 마음의
작용을 멈추기 위해 선불교에서는 화두라는 독창적인 방법을 창안했
는데 요가에서는 어떤 방법을 제안했을까?

요가에는 다양한 수행 방법이 있다. 그것을 모두 보기는 불가능할
뿐 아니라 무의미하다. 여기서는 다양한 요가 수행법 밑에 흐르고 있는

기본 정신과 수행 목표를 살펴볼 것이다. 특히 파탄잘리의 책을 거울 삼아 요가의 여덟 단계를 정리해보겠다. 참선법은 화두만 들면 되는 것처럼 매우 단순하게 설명된 데 비해 요가는 수행하는 과정이 순서대로 나열되어 있다. 그러한 면에서 요가가 선불교보다 훨씬 더 상세하고 분석적이라 할 수 있다(인도인과 중국인의 세계관이 다르다는 게 보이지 않는가?). 파탄잘리의 설명은 요가를 수행할 때 가장 먼저 해야 할 일을 비롯해 각 단계의 의미 등을 상세하게 적고 있다. 이 설명만 따르면 깨달음을 얻을 수도 있겠다는 환상이 들 정도로 수행하는 데 큰 도움이 될 것이다.

요가수트라_
단계별 요가 수행법

요가라고 하면 이상한 자세를 연상하곤 하는데, 그도 그럴 것이 평범한 자세와 다르거나 반대되는 특이한 자세가 많기 때문이다. 예를 들어 아사나[체위] 요가에서는 거꾸로 서는 물구나무 자세를 매우 중시한다. 이러한 특성 때문에 사람들은 요가를 몸의 자세, 즉 체위법을 중시하는 체조 정도로 잘못 인식한다. 그러나 이것은 사실이 아니다. 체위법은 요가의 여덟 단계 가운데 세 번째 단계에 불과하며, 위의 단계로 올라가기 위한 과정일 뿐이지 그 자체가 요가의 목적은 아니다. 요가의 시작 역시 무작정 몸을 움직이는 체위법과는 거리가 멀다. 요가에서는 몸을 움직이기 전에 마음을 챙기는 것을 더 중시하기 때문이다.

제1단계_ 금계 요가의 주된 목적은 정신을 수련하는 것이지 몸을 다지는 것이 아니다. 요가를 수련할 때는 정신을 조율하는 것부터 시작하는데 파탄잘리가 말한 여덟 단계 중 첫 번째 단계가 그것이다. 첫째 단계는 금계禁戒 즉 금지의 계율이다. 이것은 불교의 오계를 방불케 한다. 그 내용은 '생명을 해하지 않기', '거짓말하지 않기', '훔치지 않기', '과도한 성적 쾌락에 빠지지 않기' 등이다. 무엇 무엇을 하지 말라는 것인데, 오계나 십계명 등 다른 여러 종교의 계율과 비슷하다는 것을 알 수 있다. 금계의 첫 번째 계율은 오계의 첫 번째 계율과 같다. 불살생不殺生인 것이다(금계와 오계에서 이를 가리키는 원어는 '아힘사ahimsā'라는 동일한 단어다). 이처럼 생명을 중시하는 것은 인도 종교의 공통된 특징이라 할 수 있다. 금지하는 계율은 여기까지다.

제2단계_ 권계 '무엇 무엇을 하지 마라'라는 금계의 단계가 끝나면 본격적으로 실천을 요구하는 단계가 나온다. 권계勸戒는 금지하는 것이 아니라 권하는 것이다. 그 내용은 '마음과 몸의 정화', '만족하기', '금욕주의(고행)', '영적 공부를 통한 지식의 증가', '신에게 복종하기' 등이다. 이처럼 금지하는 것이 먼저 나오고 그 다음 실천 항목이 나오는 것은 인간의 발달 단계와 상응하는 면이 있다.

수행을 처음 시작할 때는 아직 잘 모르는 상태에 있는 수행자를 보호하기 위해 금기 사항을 둔다. 위험한 것에 대해 장황한 설명을 늘어

놓기보다 마치 어린 아이를 대하듯 일단 무조건 '하지 마라'라고 금지하는 것이다. 두세 살밖에 안 된 아이에게 칼이 왜 위험한가를 설명하는 일은 쉽지 않다. 일단 칼 근처에 가지 못하게 하는 등 금지하는 편이 훨씬 효율적이다. 그러다 열 살 정도 되면 이해력이 생기기 때문에 그때부터는 무조건 금지하기보다 설명을 해주어 이해시킨 다음 금지한다. 더 나아가 아이가 알아서 무언가를 할 수 있도록 도와 스스로 자신을 지킬 수 있는 능력을 갖게끔 만들어준다.

수행도 마찬가지다. 처음에는 금지로 시작하지만 수행에 익숙해지면 금지 사항은 자신이 알아서 하는 단계로 접어든다. 그 다음 실천의 방향을 제시하여 수행자의 정신 단계를 끌어올려야 한다. 요가에서는 두 번째 단계에서 긍정적 덕목의 실천을 제안하고 있다. 그렇다고 금계를 지키지 않아도 되는 것은 아니다. 금계는 계속 지켜야 하는데, 이 단계부터는 외부의 권위에 따른 것이 아니라 내부의 양심에 따라 자율적으로 지키는 것으로 바뀌게 된다. 익숙해진 수행자는 금계를 지키는 쪽이 오히려 편하다고 말한다.

제3단계_ 체위법 여기까지 오면 요가 수행을 위한 준비를 마친 셈이다. 진짜 수행은 이제부터 시작된다. 요가는 매우 실질적으로 가르친다. 몸부터 시작하기 때문이다. 이렇게 하는 데는 다 이유가 있다. 사람들은 영적 수련이 몸과 관계없이 정신 혹은 마음만 닦으면 되는 줄 아는데, 수행을 조금이라도 해본 사람은 그렇지 않다는 점을 알 것이다. 몸이 제대로 되어 있지 않으면 정신 수련이 되지 않기 때문이다.

참선 수행을 보아도, 초보자가 절에 가서 갑자기 좌선을 하려고 하면 되지 않는다. 몸이 말을 듣지 않기 때문이다. 몸이 제어되지 않기 때문에 좌선을 위한 좋은 자세가 나오지 않는 것이다. 그래서 선인들은 몸 수련부터 시작했다. 요가의 체위법은 본격적으로 몸을 수련하는 방법이다.

앞서 말한 대로 요가를 연상할 때 떠오르는 것이 바로 이것이다. 요가를 홍보하는 사진을 보면 거의 예외 없이 코브라 자세처럼 일정한 체위를 하고 있는 사람을 찍은 것이 많다. 요가에서 말하는 특정 자세를 잘 잡으면 요가를 잘 한다고 하는데 이것은 요가와 체조를 동일시하는 것으로, 잘못된 생각이다. 체위법의 목적은 그 다음 단계인 호흡법을 잘 준비하는 것이다. 호흡을 잘 하기 위해 왜 체위법의 단계가 필요한 것일까? 호흡을 할 때는 숨을 깊고 느리게 쉬는 것이 가장 중요한데, 이렇게 하려면 몸이 완전히 풀려야 한다. 몸이 극도로 유연해야 한다는 것이다. 사람들 대부분은 몸이 많이 굳어 있고 기혈이 막혀 있으며, 쓰지 않는 근육은 굳거나 퇴화되어 있다. 호흡을 하고 나아가 명상을 제대로 하려면 이런 몸이 풀어져야 한다. 체위법은 바로 이 몸을 풀기 위한 방법이다.

우리는 평소 한 동작을 계속하기 때문에 몸이 한 쪽으로 굳어 있는 경우가 많다. 요가에서는 이것을 풀기 위해 평소 잘 하지 않는 특이하고 이상한 동작을 하는 것이다. 특히 물구나무서기 동작을 상당히 중시하는데, 이는 몸의 모든 기운이 밑으로 향해 있는 상태를 균형 잡기 위한 것이다. 그래서 반대로, 거꾸로 서는 것이다. 활 자세도 유명하다. 이것은 엎드려 누운 상태에서 손으로 발목을 잡고 상반신을 뒤로 꺾는 자세로 평소에는 거의 하지 않는 자세다. 활 자세는 상반신이 앞으로 굽어 있는 자세를 균형 잡기 위한 것으로, 몸을 매우 강하게 뒤로 꺾어 교정하는 것이다.

요가의 체위법 동작은 대체로 이렇게 되어 있는데 이 동작들을 하는 목적은 근육을 풀고 완벽한 균형을 얻기 위한 것이다. 그렇게 해서 몸이 풀려야 정좌했을 때 제대로 된 자세가 나올 수 있고, 몸이 편해져 자연히 깊게 호흡할 수 있는 것이다. 몸이 굳어 있는 사람은 어떤 깨달음이든, 그것이 아무리 작은 것이라 해도 얻을 수 없다. 그래서 수행을 제대로 하려면 일단 몸이 유연해져야 한다. 이것은 요가를 직접 해본 사람만이 알 수 있다. 필자가 요가를 본격적으로 수행했을 때 경험을 상기해보면, 항상 체위법을 거쳐 호흡법으로 마감했다. 체위법을 한 시간 정도 수련한 다음 결가부좌를 하면 몸이 아주 편해져 자연스레 호흡이 깊어졌다. 그렇게 하면 곧 잠자는 상태와 비슷한 정定[2]의 상태에 들어갈 수 있었던 기억이 아직도 생생하다.

제4단계_ 호흡법 혹은 조식법 이렇게 해서 몸이 풀리면 호흡을 하게 되는데 《요가수트라》에 따르면 호흡은 세 단계로 되어 있다. 들이마시고, 참고, 내쉬는 것이다. 여기서 숨을 길고 천천히 쉬는 것이 중요한데,

---

2 불교에서 정(定)은 명상을 통해 얻게 되는 강력한 집중을 의미한다. 집중 혹은 몰입 등의 단어로 설명될 수 있으며, 명상의 강도나 단계에 따라 여러 차원으로 구분되기도 한다.

그와 동시에 가능한 한 오랫동안 참는 것이 좋다. 얼마나 느리게 숨을 쉬어야 하는지, 얼마나 오랫동안 숨을 참아야 하는지는 사람에 따라 다르고 수행한 연한에 따라 다르기 때문에 일률적으로 말하기 힘들다.

수행을 갓 시작한 사람은 호흡을 길게 하거나 오래 참는 일이 쉽지 않다. 이에 비해 호흡 수행을 오래한 사람은 숨이 자연히 길어지고 오래 참는 일이 가능하다.[3] 여기서 꼭 지켜야 할 것은 절대 무리하지 않는 것이다. 무리하게 도를 넘어 너무 천천히 쉬거나 너무 오래 참으면 숨이 차서 명상에 집중할 수 없게 되기 때문이다. 주객이 전도되는 것이다. 호흡은 명상을 잘 하기 위해 하는 것인데 무리하게 호흡하면 그런 호흡은 오히려 명상을 방해한다.

여기서 또 짚고 넘어가야 할 것이 있다. 호흡법을 수행할 때는 결가부좌를 한다. 이 자세는 사실 매우 힘든 자세로, 되는 사람보다 안 되는 사람이 더 많다(이 자세가 안 되는 사람은 반가부좌로 하면 된다). 인도 종교에서는 명상 수행을 할 때 왜 이 자세를 고집하는 것일까? 세계종교들이 자랑하는 성자들의 성상을 보면 유독 인도의 성자들만이 이 자세를 하고 있다. 멀리 갈 것도 없이 불상을 보면 그 사정을 알 수 있다. 대부분의 불상은 결가부좌를 하고 있다. 한국인은 불상의 자세에 너무 익숙한 나머지 이 자세의 정체에 대해 별다른 의문을 갖지 않는다. 왜 인도의 수행자들은 이 자세로 명상을 하는지 궁금해하지 않는

---

3 붓다는 수행 시 수십 분 동안 숨을 참았다고 전해진다.

것이다.

여기에는 확실한 이유가 있다. 이 자세는 몸을 삼각형으로 만들기 때문에 가장 안정적인 자세라 할 수 있다. 그런데 안정적이기만 하면 자세가 너무 편안해 긴장이 풀리고 졸릴 수 있기 때문에, 다리를 틀고 등을 곧추 세워야 한다. 그러면 등의 윤곽이 부드러운 S곡선으로 되는데, 이것은 척추를 세움으로써 뇌에 자극을 주는 것이다. 그럼으로써 의식이 계속해서 깨어 있는 상태가 된다.

이 상태를 전문 용어로는 '성성적적惺惺寂寂'이라 한다. '적적'은 고요한 상태다. 고요하고 고요해서 '적'을 두 번 썼다. 그런데 의식이 고요하기만 하면 아무것도 알아차릴 수 없다. 따라서 고요하면서 동시에 활짝 깨어 있어야 한다. 그 깨어 있음을 강조하기 위해 '성'을 두 번 써서 '성성'이라 한 것이다.

제5단계_ 감각의 제어 혹은 제감 이렇게 호흡을 다잡아 아주 안정된 상태에 들어가면 감각을 제어할 수 있게 된다는 것이 《요가수트라》의 주장이다. 요가의 목표는 앞서 말한 대로 생각을 그치게 하는 데 있다. 생각이 일어나는 것을 막으려면 우리의 감각 기관이 각각의 대상에 이끌려서는 안 된다. 예를 들어 음악을 들으면 우리의 마음은 그 음악에 끌려 집중 상태를 놓치게 되고 또 그 음악에 연루된 여러 생각을 하게 된다. 그런데 감각이 제대로 제어되면 음악이 들려도 무심하게 듣는 것이 가능해진다.

《요가수트라》에서는 감각을 제어하는 방법과 관련해 별도의 수련법을 제시하고 있지는 않다. 앞서 나열한 체위법이나 호흡법을 제대로 하면 감각은 자연스럽게 제어되기 때문이다. 수련이 깊어져 몸이 항상 이완되어 있고 평상시에도 호흡이 느리고 깊게 되면, 감각이 제어되는 것은 물론이고 다른 사람들의 칭찬이나 비난에 대해서도 초탈할 수 있다. 예를 들어 화가 나는 일이 있을 경우 우리는 그 자리에서 바로 화를 내지만 수련이 잘 된 사람은 화를 내게 만드는 외적 요인에 '끄달리지' 않고 평정심을 유지할 수 있게 된다는 것이다.

여기까지 오면 몸의 수련은 대체로 끝난다. 이제 전념해야 할 단계는 정신 집중의 단계다. 명상을 본격적으로 시작하는 것이다. 이렇게 보면 앞의 다섯 단계는 모두 정신 수련을 위한 준비 과정이라고 할 수 있다. 그렇다고 해서 앞의 단계들에서 정신 수련을 하지 않는 것은 아니다. 가령 호흡을 수행할 때도 우리는 깊은 명상 상태에 들어갈 수 있다. 명상을 할 때는 반드시 고른 호흡이 필수기 때문에 이 단계들은 같이 갈 수 있는 것이다.

제6단계_ 정신의 집중 혹은 응념 응념은 마음을 한 곳에 매는 것이다. 이렇게 보면 명상이란 별 것이 아니라고 할 수 있다. 집중만 하면 되기 때문이다. 집중을 해야 마음이 일어나지 않을 수 있다. 이런 시각에서 보면, 명상의 모든 테크닉은 집중을 위한 것이라고 할 수 있다. 앞서 본 화두선도 마찬가지다. 화두선에서 가장 중요한 것은 어떻게 하면 화두에 집중하느냐에 있다고 했다. 화두는 집중을 용이하게 하기 위해 만들어낸 것이다. 만일 아무 대상도 없는 상태에서 집중을 하려면 마음을 모으기가 쉽지 않을 것이다. 선불교에는 화두선 말고도 묵조선默照禪이라는, 화두를 들지 않고 아무 생각도 일으키지 않은 채 집중을 꾀하는 선의 일파가 있다. 그런데 이 참선법은 지금은 별로 활용되고 있는 것 같지 않다. 아마 화두를 드는 것이 집중하는 데 더 효과적이기 때문에 그렇게 되었을 것이다.

집중을 강하게 할 수 있는 방법은 많다. 그 중 대표적인 것이 수식관數息觀일 것이다. 이것은 붓다가 제자들에게 많이 시킨 방법으로 알려져 있는데 명상 기술이라 할 것도 없을 정도로 요령이 간단하다. 앞서 말한 대로 호흡을 하면서 수를 세는 것이기 때문이다. 예를 들면 이런 것이다. 숨을 한 번 들이마시고 내쉬면서 하나라고 되뇌고 그 다음 숨에서는 둘이라고 되뇐다. 그렇게 해서 열까지 가면 그 다음에는 거꾸로 쉬면서 내려온다. 그때 눈은 콧등이나 자기 몸의 바로 앞에 있는 바닥을 응시한다. 그냥 이렇게만 계속하면 되는데, 하다 보면 집중 상태를 강하게 유지할 수 있다.

집중하기 위해 외부 대상을 꾸준히 응시하는 방법도 있다. 이 대상들은 대단히 다양한데 예를 들면 촛불, 꽃병 등과 같은 기물이 될 수도 있고 아니면 호흡이나 맥박처럼 반복되는 신체의 움직임이 될 수도 있다. 그런가 하면 스승의 모습을 응시하는 것도 여기에 포함될 수 있다. 스승의 모습을 머리부터 시작해 발끝까지 아주 천천히 마음속으로 관하는 것이다. 또 자연물 가운데 반복되는 소리가 나는 것도 좋다. 예를 들어 폭포나 바람 소리, 바닷가에서 나는 파도 소리, 혹은 벌통에서 나오는 소리 같은 것에 집중하면 된다.

필자는 개인적으로 파도 소리를 가장 선호한다. 파도 소리 듣기 명상은 좋기는 한데 조건이 조금 까다롭다. 주위에 사람이 거의 없어야 하고, 파도는 아주 약하게 쳐서 작은 소리만 들려야 한다. 철썩 치는 파도와 같은 것은 소리가 너무 커서 안 된다. 또 모래사장이 완만해 걷기에 편해야 한다. 사람이 적은 새벽, 그러한 조건이 갖추어진 곳에서 파도 소리에 집중해 걸으면 곧 정의 상태에 들어갈 수 있다. 개인적인 체험을 이야기한다면, 언젠가 이렇게 바닷가를 걸으면서 파도 소리에 집중했는데 곧 내가 파도 소리와 하나가 되어 그 소리만 남게 되었다. 그 시간은 불과 이, 삼 초밖에 되지 않았는데 그때 느꼈던 아주 낮은 수준의 법열감은 잊을 수 없다. 이러한 체험이 오래 지속된다면 어떤 수준의 법열감을 맛볼 수 있을지 여간 궁금한 게 아니다.

명상법의 종류는 매우 다양하지만 원리는 딱 하나다. 어떻게 하면 더 강하게 집중을 하며 그 상태를 오래 끌고 갈 수 있는가. 집중의 강도와 지속이 관건이라는 것이다. 그런데 집중하기가 결코 쉽지 않다는 것은 명상을 조금이라도 해본 사람은 안다. 우리 마음은 대단히 산란해 집중이 잘 안 된다. 마치 술 취한 원숭이와도 같다. 원숭이가 어떤 동물인가? 한시도 가만있지 못하고 이 나무에서 저 나무로 옮겨 다니는 동물 아닌가? 그런데 이 놈이 술을 먹고 취하기까지 했다. 그러면 얼마나 부산을 떨겠는가? 우리 마음이 그렇다는 것이다. 마음은 삼 초마다 생각이 바뀌고 둥둥 떠다니면서 부유한다. 이런 마음을 잡기 위해서는 강력한 집중을 이끌어낼 수 있는 묘안이 필요하다.

집중하기가 얼마나 어려운지 알고 싶다면 아주 간단한 실험을 해보면 된다. 이것은 명상하는 방법 중 하나기도 한데 마음속에 시계 하나를 상상해본다. 마음속에 이미지를 만드는 것이다. 그 다음 초침이 일초씩 이동하는 것을 그려본다. 이렇게 해서 오 초, 십 초 등을 지나가는 초침을 이미지화 한다. 만일 딴 생각이 들어와 시계의 모습을 놓치면 처음부터 다시 시작해야 한다. 그런데 이것을 실제로 해보면 십 초이상 지속하기가 힘들다. 오 초만 지나도 다른 생각이 끼어들어 시계의 이미지가 사라진다. 그러다 다시 집중하면 그 이미지가 돌아온다. 실제로 이렇게 해보면 이런 일이 계속 반복될 뿐 전일하게 집중이 흔들리지 않은 상태로 가는 것은 매우 힘들다. 이게 바로 우리 마음이다. 이렇게 산란한 마음을 안정시키기 위해 지금까지 본 다양한 명상법이 개발된 것이다.

다음 단계부터는 집중 상태를 오로지 한 가지로 전일하게 끌고 나가는 방법이다. 그래서 별다른 내용이 없다. 여섯 번째 단계에서 집중하는 힘을 충분히 길러 바위처럼 우뚝 자리를 잡았다면 그 다음 할 일은 그 상태를 계속 유지하는 것이다.

제7단계_ 정려 혹은 선정 이 상태는 앞서 말한 것처럼 집중이 지속되는 상태다. 집중 상태가 전혀 흔들림 없이 지속되는 것이다. 그래서 이 단계를 의식의 작용이 확대되어 가는 상태라 묘사하기도 한다. 앞의 여섯 단계에서는 하나에 집중하는 데 치중했다면 이번 단계에서는 그 저변을 확대하는 것이다. 그래야 다음 단계인 삼매로 갈 수 있다. 집중된 마음이 점차 넓어지는 느낌을 가지다가 그것이 무한히 확장되면 절대 실재와 하나가 되는 삼매의 단계로 가는 것이다. 이렇게 보면 이 단계는 여섯 번째 단계를 마지막 여덟 번째 단계로 끌어올리는 역할을 맡은 것이라 할 수 있겠다.

참고로 선불교의 '선'이 바로 여기서 나왔다. 정려 혹은 선정 단계의 이름은 원어로 디아나dhyana인데 이것을 음에 맞추어 선나禪那로 음역했다가 나중에 나那가 탈락되고 선禪이 된 것이다. 그러니까 사실 선이라는 글자는 아무 의미도 없는 것이다. 그러나 내용적으로는 선 수행도 강한 집중을 목표로 하는 명상법이니 어떤 명상법보다도 디아나와 개념이 비슷하다고 할 수 있다.

제8단계_ 삼매 혹은 적멸 이제 마지막 단계에 도달했다. 이 단계에서 수행자는 절대 실재와 하나가 된다. 그래서 이 단계는 합일이나 총체, 몰입, 결합의 의미를 갖는다. 명상하는 자와 명상되는 대상 사이에 어떠한 틈도 없다. 이럴 때 인간은 개별적 자아성을 극복하고 우주의식 혹은 절대 실재와 하나가 된다. 이 상태에 들어가면 마음과 몸이 고요하기 짝이 없다. 그러나 고요하기만 해서는 안 된다. 마음이 맑고 환하게 깨어 있어야 하기 때문이다.

이 상태 역시 앞서 호흡법에서 언급한 성성적적의 상태라 할 수 있다. 고요함과 깨어 있음이 동시적으로 존재하는 것이다. 이러한 삼매의 단계에서 수행자는 비로소 실재와 하나 됨을 백 퍼센트 의식할 수 있다.

명상

앞서 우리는 동양 종교의 주요한 수행 방식이라 할 수 있는 선과 요가를 살펴보았다. 여기에 더해 인도 종교의 명상법을 하나 더 소개했으면 한다. 우리가 주위에서 흔히 접하는 승려들의 모습 가운데 하나는 주문을 외우는 모습이 아닐까 한다. 주문은 산스크리트어로 '만트라'라고 하는데 이것은 한 단어일 수도 있고 문장으로 되어 있을 수도 있다. 주문 외우는 것 역시 집중을 유도하는 방법이다. 화두를 참구하는 것은 생각으로만 집중하는 것이기 때문에 결코 쉽지 않다. 그래서 과거의 수도자들은 집중을 이끌어낼 수 있는 좀 더 용이한 방법으로 주문 외우는 법을 고안했다.

생각으로만 화두를 떠올리기보다 소리를 내면서 명상을 하면 집중하기가 분명히 더 쉬울 것이다. 화두는 보이지도 들리지도 않는 것이지만 주문은 적어도 들리기 때문에 집중하는 대상이 명확히 있는 셈이다. 그러니 아무래도 집중하는 데 편안함을 느낄 것이다.

주문 외우기와
명상

주문 암송을 더 효율적으로 하기 위해서는 쉽게 반복되고 공명이 잘
되며 부드럽게 발음할 수 있는 음을 가진 글자를 택하는 것이 좋다.
한번쯤 들어보았을 '옴' 혹은 '옴 마니 파드메(반메) 훔'과 같은 산
스크리트어 주문을 떠올려보면, 거기에는 일정한 특징이 있다는 점
을 발견할 수 있을 것이다. 그 주문들은 대부분 'ㅁ' 등의 유성음이나
'ㅏ', 'ㅣ', 'ㅜ', 'ㅔ' 등의 기본 모음으로 구성되어 있다.

　주문에 자음이 들어갈 때는 'ㅁ'이나 'ㄴ' 같은 매끄러운 발음을 가
진 글자를 써 발음을 용이하게 하는 것이 좋다. 그리고 받침은 가능한
한 쓰지 않아야 한다. 글자에 받침이 있으면 발음하기가 힘들어지기
때문이다. 만일 받침을 쓴다면 방금 전 말한 유성음을 써서 부드럽게
넘어가게 만든다. 모음의 경우에도 기본 모음을 쓰는 것이 좋다. 'ㅙ'
나 'ㅞ' 등 복잡한 모음이 있는 주문은 보지 못한 것 같다. 설혹 그런
글자가 있더라도 그 발음은 저절로 간소화되어 간편한 발음으로 바뀌
게 될 것이다.

　이러한 관점에서 보면 기독교의 '아멘'도 이 범주에 들어갈 것으로
보인다. 위의 기준을 다 갖추고 있기 때문이다. 즉 유성 자음과 기본

모음으로 되어 있으니 말이다. 아멘이라는 말이 기독교인들이 가장 애용하는 단어가 된 데는 이런 배경이 있지 않았을까 하는 생각을 해 본다. 사실 기독교에서는 주문 외우는 법이 그다지 중요하게 취급되지 않는다. 그런데 전해오는 바에 따르면 초기 기독교 수도사들은 주문 외우는 법과 유사한 수행을 했다고 한다. 《성서》에서 어떤 단어나 문장 하나만 골라 그것을 장시간 외웠다는 것이다. 그들이 선택한 것도 필자가 제시한 조건을 충족하는 그런 말이 아니었을까?

그러한 각도에서 보면 선불교의 '무無'자 공안도 이해될 수 있겠다. 선불교를 조금이라도 아는 사람은 무자 공안을 알고 있을 것이다. 이 것은 개에게도 불성이 있는지를 묻는 제자의 질문에, 조주 선사가 없 다[無]라고 대답한 데서 유래한 공안이다. 불교의 교리에 따르면 모든 중생은 불성을 갖고 있다고 하는데 조주는 없다고 했으니 이게 대체 무슨 뜻인지 생각하는 것이 이 공안의 의도일 것이다. 그런데 실제로 이 공안을 든 사람은 그런 생각은 다 잊고 '무'라는 글자에만 집중한다. 좌선을 하는 동안 지속적으로 내면에서 '무'라는 단어를 되뇌면서 집 중하는 것이다. 그런데 무는 앞에서 본 것처럼 'ㅁ'이라는 유성 자음과 'ㅜ'라는 기본 모음으로 구성되어 있으니 좋은 주문이 아닐 수 없다.

사실 주문 외우는 법은 민간 종교에서 애용되는 방법이다. 공부를 많이 한 엘리트 승려보다는 상대적으로 문어 해독력이 떨어지는 대중이 선호한 방법이라는 것이다. 대중은 어려운 경전을 이해하기도 힘들고 선불교의 화두를 참구하는 것도 쉽지 않다. 경제적 여력도 없고 시간도 없다. 그러나 종교의 본질인 초월이나 집중으로 가는 길은 누구에게나 열려 있다. 여러 가지 길이 있는데 대중은 주문 외우기를 택한 것이다.

이러한 예는 우리 주위에서 금방 찾을 수 있다. 한국의 대표적 민족종교인 동학(천도교)과 증산교는 수련법으로 주문 외우는 방법을 가장 선호했다. 동학의 스물한 자 주문[4]과 증산교의 태을주[5]가 그것이다. 두 종교의 수련은 이 같은 주문을 지속적으로 외우는 것으로 되어 있다. 그런데 이 주문에서도 앞서 본 법칙들이 작용하고 있음을 알 수 있다. 특히 태을주를 보면 'ㅁ' 같은 유성 자음과 기본 모음이 반복되고 있다.

간혹 주문 자체에 의미를 두는 사람들이 있다. 그들은 주문에 신성한 힘이 있기 때문에 주문 자체가 진리라고 주장한다. 〈해리 포터〉와 같은 마법 영화에 나오는 것처럼 라틴어로 된 주문을 외우면 마법을 펼칠 수 있다고 생각하는 것이다. 또 어떤 힌두교 수행 단체에서는 각 단계별로 쓰는 주문을 다르게 배정해놓고 제자들을 지도하기도 하는데, 한 단계가 끝나고 다음 단계로 가면 주문도 바뀐다(그런데 주문을 바꿀 때마다 수행자들은 돈을 낸다고 한다). 주문에 따라 위력이 달라진다고 생각하는 것인데 이 역시 주문 자체가 힘을 갖고 있다고 여기는 것이다. 불교도 크게 다르지 않다. 선불교에서는 화두가 진리로 가는 유일한 길이라 주장하기도 하는데, 이 때문에 선승 가운데 화두 자체가

---

4 지기금지 원위대강 시천주 조화정 영세불망 만사지
5 훔치 훔치 태을천상원군 훔리치야도래 훔리함리 사파하

진리라고 주장하는 사람도 있다. 이들 역시 화두 속에 힘이 내재되어 있다고 생각하는 것이다.

이러한 주장은 모두 사실과 거리가 멀다. 주문은 결코 목적이 될 수 없다. 주문은 단지 수단일 뿐이다. 집중 상태를 유도해낼 수 있는 수단에 불과하다는 것이다. 비유해서 말하면 주문은 달을 가리키는 손가락이지 달 자체는 아니다. 그리고 주문에는 절대적 우열이란 존재하지 않는다. 다 똑같다는 것이다. 어떤 주문이 다른 주문보다 낫거나 못하거나 하는 일은 없다. 앞서 언급한 힌두교 단체처럼 수행 등급에 따라 주문의 우열이 결정되는 그런 것은 없다는 것이다. 주문은 주문일 뿐 그 이상도 이하도 아니다. 조금 과장해 말하면, 어떤 단어도 어떤 문장도 주문이 될 수 있다.

이와 관련해 재미있는 이야기가 있다. 가방끈이 짧은 어떤 여자가 수행에 관심이 있어 주문을 갖고 싶어 했다. 그런데 마침 이웃집에 도인 부부가 살고 있어 주문 하나를 소개 받으러 갔는데 부부가 싸우고 있었다. 사정이 그럼에도 주문을 갖고 싶었던 여자는 도인에게 주문을 달라고 간청했다. 그러자 도인은 싸우느라 여유가 없어 그냥 '즉심시불'이라고 내뱉었다. 그런데 즉심시불이라는 단어가 어렵고 생경했던 여자는 '짚신 세 켤레'로 잘못 알아들었다. 다시 확인하고 싶었지만 도인 부부가 싸우고 있어 나올 수밖에 없었다.

그 뒤 이 여자는 짚신 세 켤레를 밤낮으로 계속 외워댔다. 즉심시불은 그 자체가 대단한 뜻을 가진 단어지만 짚신 세 켤레는 불교 교리와 아무 관련이 없는 그야말로 넌센스와 같은 단어다. 어떤 의미도 없는 극히 세속적인 말에 불과하다는 것이다. 그런데도 여자는 이 셀프 주문을 열심히 외워 눈이 통하고眼通 귀가 통하는耳通 등 큰 종교 체험을 했다고 한다. 이 이야기에서 알 수 있는 것은 간단하다. 주문은 말일 뿐 그 자체가 힘을 지닌 것이 아니다. 중요한 것은 주문을 대하는 사람의 마음 자세다. 온 힘을 다해 외운다면 어떤 문장도, 어떤 단어도 주문이 될 수 있을 것이다.

비슷한 이야기는 미국에서도 들려온다. 어떤 미국 청년들이 인도의 신비한 종교 세계에 대한 이야기를 들었던 모양이다. 인도에 가서 높은 스승을 만나 신비한 만트라를 받아 외우기만 하면 깨달을 수 있다는 소문을 들은 것이다. 미국 동부에 살던 그들은 서부까지 히치하이킹을 해서 갔고, 그곳에서 아르바이트를 해 인도로 갈 비용을 마련했다. 드디어 인도에 간 그들은 자신들이 찾던 스승을 만나는 일이 쉽지 않았지만 천신만고 끝에 만나게 되었다. 그들은 스승에게서 마법의 만트라를 받아 외우면 깨달음의 세계가 열릴 것이라 생각하며 흥분에 휩싸였다.

그런 기대를 한껏 하면서 스승의 가르침을 기다렸는데 스승의 처방은 너무나 의외였다. 그냥 벽을 보고 앉아서 천천히 호흡하면서 숫자를 세라는 것이었으니 말이다. 이것은 앞에서도 잠깐 보았지만 전형적인 수식관이다. 이 방법은 붓다가 많이 가르쳤던 명상법인데 이보다 더 단순하면서 효율적인 명상법은 없다. 스승의 말을 들은 청년들은 낙담했다. 겨우 그 가르침을 받으려 이 먼 곳까지 왔나 하는 회한의 마음도 들었다. 그 뒤 청년들이 어떻게 됐는지는 잘 모르지만 이 스승

의 가르침은 정당한 것이다. 명상은 집중만 하면 되는 것이다. 거기에
무슨 신비한 만트라가 있어 갑자기 주술적 힘을 발휘하는 그런 일은
없다.

지혜의 길 3
도교의 내단법

지금까지 우리는 주요 명상법에 대해 검토해보았다. 그러나 명상법이
인도 종교에만 있는 것은 아니다. 중국의 도교나 이슬람교에도 명상
법은 존재한다. 이러한 종교에서 수련되고 있는 명상법에 대해 잠시
보았으면 한다. 그것을 보면 알겠지만 명상법은 다양해도 그 목적은
하나 같이 집중하기에 있다는 사실을 알게 될 것이다.

이제부터 도교의 수련법을 살펴볼 텐데, 여기서 말하는 도교는 노
장 사상과는 별 관계가 없다. 철학적 탐구를 우선시하는 도가 사상과
도교는 다른 것이다. 원래 도교의 목적은 '성신선 장생불사成神仙 長生不
死' 즉 죽지 않고 영원히 사는 신선이 되는 것이었다. 이 목적을 달성하
기 위해 도교도들은 많은 방법을 고안해냈는데, 그 방법은 크게 외단外
丹과 내단內丹 두 가지로 나뉜다.

외단법은 밖에서 약물을 취하는 방법이다. 간단히 말해 신선이 되
기 위해 불사약을 만들어 먹는 것이다. 이 방법을 알려면 3, 4세기에
걸쳐 살았던 중국 동진의 갈홍葛洪이 쓴《포박자》부터 시작해 많은 문

헌을 검토해야 한다. 이 책은 신선도의 고전으로 간주되는데 이를 비롯한 관련 문헌이 방대하기 때문에 많은 설명이 필요하다. 이 분야는 명상법과 별 관계가 없어 생략하기로 한다. 우리가 관심 있게 보아야 할 방법은 내단법이다. 이것은 밖에서 어떤 약물을 취하는 것이 아니라 수행자가 몸으로 직접 닦는 방법이다. 그런데 그 내용을 보면 요가와 닮은 면이 많다. 몸으로 하는 수행은 중국이나 인도나 그리 다르지 않은 모양이다.

내단법은 네 가지로 구성되어 있는데 첫 번째는 조식법이라 불리는 호흡법이다. 한국에서는 이것을 단전호흡이라 부르는데, 배에 있는 하단전에 정신을 집중하고 호흡을 하기 때문에 생긴 이름일 것이다. 이 것은 요가의 호흡법과 아주 유사하다. 이때 가장 중요한 것은 숨을 될 수 있는 대로 천천히 쉬는 것이기 때문이다. 앞서 검토한 요가에서도 숨을 가능한 한 천천히 그리고 길게 쉬는 훈련을 중시한다. 그리고 이 것은 집중을 꾀하는 동시에 산란된 마음을 가라앉히는 역할을 한다고 했다. 그러면 숨을 얼마나 천천히 쉬어야 할까? 《포박자》에 따르면 호흡을 할 때 특히 내쉬는 숨을 길고 부드럽게 해야 하는데, 숨을 내쉴 때 기러기 깃털을 코 밑에 놓아도 그것이 흔들리면 안 된다고 하니 얼마나 천천히 쉬어야 하는지 알 수 있겠다.

이렇게 호흡 수련을 오래하다 보면 몸에 '기'라는 어떤 기운이 흐르는 것을 감지할 수 있다. 기는 에너지와 비슷하기 때문에 우리의 의식으로 움직일 수 있다고 한다. 기는 경락이라는 길을 따라 움직인다. 우리 몸에는 열네 개의 경락이 있다고 알려져 있는데 수련자는 이 길을 따라 기를 운용할 수 있다. 그래서 이 방법을 행기법行氣法이라 부른다. 이 일은 호흡 수련이 상당히 진척된 이후에나 가능하다고 하는데 수련자는 의식으로 기를 움직일 뿐 아니라 심지어 이 기를 다른 사람에게도 전달할 수 있다. 이렇게 기를 움직일 수 있는 사람들은 괴력도 낼수 있고 사람을 치유할 수 있는 능력도 가질 수 있다고 한다. 행기법의 효능은 아마 기의 흐름을 원활하게 해 경락을 깨끗하게 만들고 심신을 정화하는 데 있을 것이다. 이른바 도라는 것을 닦을 때 몸의 기혈이 막혀 있다는 것은 있을 수 없는 일이다.

도교 수련을 하는 사람이 가만히 앉아 기를 움직이는 일만 하는 것은 아니다. 그들은 몸을 움직이는 운동을 통해서도 기를 움직인다. 이른바 도인법導引法으로 이것은 도교의 체조법이라 할 수 있다. 기원전 2세기경 건설된 것으로, 중국 후난성의 고고학 유적지 마왕퇴에서 발견된 묘에는 당시 도인법을 수련할 때 몸을 어떻게 움직였는지 알게 해주는 그림이 그려져 있다. 대부분 호랑이나 원숭이, 사슴, 곰, 새와 같은 동물들의 자세를 흉내 내는 그림들이다.

이와 같은 동작들은 계속 발전했는데 그 중 한국인에게 가장 익숙한 동작은 태극권일 것이다. 여기서 말하는 태극권은 아주 부드럽고 천천히 하는 태극권을 말한다(태극권에는 강하게 하는 것도 있는데 배우 이연걸이 '태극권'이란 영화에서 하는 것이 그것이다). 태극권은 요가와 상당히 다른 동작을 하는데 이것은 중국인들이 공원 같은 곳에서 태극권을 집단으로 연습하는 모습을 보면 알 수 있다. 태극권에서는 요가처럼 무리한 동작이 일절 없고 평소의 동작을 물 흐르듯 천천히 한

다. 동작은 이렇게 다르지만 태극권의 원리는 요가와 같다고 할 수 있
다. 동작을 천천히 하는 이유는 호흡과 맞추어 정신을 집중하기 위함
이다. 다시 집중이다. 천천히 움직여야 정신과 호흡을 집중할 수 있다.
이렇게 천천히 하는 동작은 보기에는 쉬울 것 같지만 빠르게 하는 것
보다 힘들다. 게다가 집중이 되지 않으면 동작 자체가 되지 않는다. 그
래서 이것은 몸의 수련이라기보다 정신의 수련이라 해야 할 것이다. 태
극권을 오래 수행하면 기혈이 뚫려 몸이 가벼워지고 마음이 정화된다.

이런 식의 수행을 통해 몸이 유연해지고 호흡을 통해 마음이 잔잔
해지면 명상을 시작해야 한다. 도교에서 가장 잘 알려진 수련법은 태
식법胎息法과 수일법守一法이다. 태식법은 위에서 말한 조식법과 그리
다르지 않다. 단전에 의식을 집중하고 호흡을 길게 하는 것인데 이름
을 태식이라고 한 것은 태아가 엄마의 자궁 안에서 호흡하는 것처럼
하라는 의미다. 이것은 아마 시원적 상태에서 근원적 도를 명상하라
는 의미인 것 같다. 이러한 명상법은 노자가 도를 아기에 비유한 데 착
안하여 만들어낸 것으로 보인다. 노자는 이 같은 아기의 상태를 인위
적인 때가 아직 끼지 않은 이상적 상태로 보아 도를 여기에 비유한 것
이다.

그 발상은 알겠지만, 과연 구체적으로 어떻게 하는 것이 태식법인
지 정확하게 밝혀주는 문헌은 없다. 잘못 생각하면 태아처럼 웅크리
고 호흡을 한다고 생각할 수 있는데 태식법을 그렇게 소개하는 문헌
은 아직 보지 못했다. 추측하건대 태아가 자궁 안에 있을 때 호흡기관
을 사용하지 않고 숨을 쉬는 것을 이상적으로 생각한 결과가 아닐까

한다. 호흡기관을 사용하지 않으니 아주 부드럽고 길게 호흡할 것으로 간주해 그런 호흡을 선호했을 것이라는 막연한 생각을 해본다. 태식법은 한말韓末의 선지자였던 강증산이 제자들에게 자주 권한 호흡법이기도 하다. 이때도 증산은 제자들에게 단전에 의식을 집중하고 호흡을 천천히 하라고 했지 따로 태아를 연상하게 하는 태도를 취하라고 하지는 않았다.

다음으로 수일법은 그대로 번역하면 '하나를 지킨다'라는 뜻이다. 이때 이 하나는 도교 교리에 따라 우리 몸 안에 있다고 하는 시원적 신인 태일신을 말한다. 따라서 수일은 태일, 즉 하나의 큰 신을 관觀하는 것을 말한다. 도교 경전은 태일신을 비롯해 우리 몸 안에 살고 있다고 하는 여러 신의 모습을 그림으로 전하고 있다. 도교도들은 호흡을 하면서 이 신들을 관하는데 그 구체적 방법은 확실하게 알려져 있지 않다. 이렇게 수행하다 보면 단전에 일립一粒 즉 한 알의 단丹이 형성되는데 이것을 성태聖胎라 부른다.

성태는 영어로는 단어 그대로 'immortal fetus' 즉 '불멸의 태아'로 번역된다. 도사들의 믿음에 따르면 인간은 바로 이것으로 영생하게 된다. 우리가 이 생에서 죽음을 맞이하면 몸은 사라지지만 성태는 신선이 되어 영원히 산다는 것이다. 이것이 진전된 도교의 영생관인데 이러한 영생관이 가진 문제점에 대해서는 앞서 이미 거론했다. 굳이 다시 말한다면 이것은 시간을 연장해 영원을 획득하려는 것으로 진정한 의미에서 영생이 될 수 없다. 도교가 제시하는 영생관은 이처럼 시간을 연장하는 것이기 때문에 거기서 나온 영생법도 이를 벗어나지 못한 것으로 보인다.

도교가 제시하는 네 번째 수행법은 방중술인데 이것은 기를 보존하기 위해 남녀의 성교를 이용하는 것이다. 따라서 순수한 의미의 명상과는 그다지 관계가 없다. 그 때문에 별로 언급할 필요를 느끼지 못한다. 도교 교단 내에서도 이 방법은 진즉 사라져버렸다. 도교의 대표적 교단인 전진교나 정일교의 가르침을 보면 방중술에 대한 언급은 보이지 않는다. 특히 전진교는 도사들에게 결혼마저 금하고 있으니 성에 대한 언급이 있을 수 없다.

지혜의 길 4
수피즘의 회전춤

지금부터 볼 명상법은 이슬람교의 신비주의 종파인 수피즘에서 수행하는 회전춤 명상이다. 이슬람교는 유일신교라 명상법이 별로 발달하지 않았는데 회전춤 명상은 예외라 하겠다. 그런데 동양 종교에서처럼 가만히 앉아서 하는 명상이 아니라 춤을 추면서 명상을 한다고 하니 더 생경하다. 이러한 독특한 명상법이 생긴 까닭은 이 종파가 신비주의를 표방하기 때문이다. 이슬람교의 정통파라 할 수 있는 순니파나 시아파에서라면 이 같은 명상법은 생각할 수 없는 일이다.

수피즘은 시아파나 순니파처럼 거대한 종파가 아니라 소수만이 추종하는 신비주의 종파다. 수피즘의 회전춤은 이슬람교 최고의 신비가로 꼽히는 루미(Jalāl ad-Dīn Muḥammad Rūmī)가 창시한 '메블라나'라는 종파에서 비롯된 춤이다. 루미는 워낙 저명한 종교가이자 신비주의자라 할 말이 많지만 여기서는 이 춤에 대해서만 살펴보자.

이 춤은 '세마'라 하며, 독특한 복장을 하고 기이한 동작으로 추는 춤이다. 머리에는 사다리꼴 모양의 모자를 쓰고 하반신에는 긴 치마를 입는다. 그리고 오른손은 하늘을, 왼손은 땅을 향하게 하고 빙빙 돌면서 피리와 북 장단에 맞추어 춤을 춘다. 복장이나 손, 음악은 나름대로 상징하는 바가 있지만 그에 대한 설명은 중요하지 않으니 넘어가기로 하자. 중요한 것은 춤을 추는 이유다. 왜 춤을, 그것도 회전춤을 추는 것일까? 몸을 빙그르르 돌면서 춤추는 일은 생각보다 어렵다. 보통 사람은 두세 바퀴만 돌아도 금세 어지러움을 느낀다. 회전춤을 추는 이유는 문헌에 잘 나와 있지 않은데, 기껏 만날 수 있는 설명은 '빠른 물살이 깊은 웅덩이를 만들 듯 빠른 회전을 통해 신에게 더 가까이 갈 수 있다' 하는 정도다. 이러한 설명도 좋지만 본질적 이유를 제시하고 있지는 않다.

본질적 이유를 알기 위해서는 춤추는 모습을 면밀하게 살펴보아야 한다. 춤추는 사람은 자전하면서 동시에 다른 사람들과 함께 중심을 향해 공전한다. 똑같은 자세로 춤추는 사람들 여럿이 스스로 자전하면서 동시에 큰 원을 그리며 공전하는 것이다. 큰 원을 한 개만 만들어 추기도 하지만 원을 두 겹으로 만들어 추는 경우도 있다. 이 경우는 한 겹일 때보다 난이도가 높다고 할 수 있다.

터키에 가면 세마 공연을 많이들 보는 모양이다. 여행객들의 블로

그를 보면 대부분 터키에서 이 춤을 보았다고 하는데, 필자는 터키에 가본 적이 없기 때문에 그곳에서는 이 춤을 보지 못했지만 다행히 서울에서 볼 기회가 있었다. 그때 관찰해보니 세마는 대단한 공력이 필요한 좋은 수행법이라는 것을 알 수 있었다.

이 춤은 일단 혼자 오랜 시간 동안 회전하는 자체가 힘들다. 춤추는 시간이 기본적으로 한 시간 이상 되는데 이 시간 동안 계속해서 도는 것은 매우 어려운 일이다. 보통 사람은 몇 분밖에 하지 못한다. 이 춤을 직접 시도해본 지인의 말을 들으니 십오 분 이상 춤추기란 거의 불가능하고, 그렇게 잠깐이라도 회전하다가 서게 되면 어지러워 쓰러지기 십상이라고 한다. 토하는 경우도 있을 정도다. 그런데 수피교 수행자들은 이 춤을 몇 시간 심지어 수십 시간 동안 추며, 아무리 오래 회전해도 이상이 없다고 하니 놀랍지 않을 수 없다. 더구나 그렇게 자전하면서 공전까지 한다. 언제나 똑같은 궤적을 유지하면서 함께 도는 것이다. 정신이 성성하지 않으면 할 수 없는 일이다. 그러니까 이 사람들은 의식이 또렷한 채로 돌고 있다는 것이다.

이 사람들이 세마라는 춤을 추는 목적은 간단하다. 강하게 집중해 망아경의 상태를 이끌어내기 위한 것이다. 한마디로 나를 잊고 신과 하나 되기 위한 시도다. 세마를 직접 춰본 사람에 따르면, 처음에는 천천히 도는데 속도가 빨라지면 눈에 치마의 소용돌이만 보이게 된다고 한다. 이것이 세마를 출 때 치마를 입는 이유가 아닐까? 빠르게 돌면 수행자들의 치마가 다 퍼져서 눈에는 퍼진 치맛자락만 보일 테고, 이렇게 되면 다른 것들은 눈에 들어오지 않게 되니 보다 효과적으로 집중할 수 있을 것이다. 나중에는 함께 춤추는 사람들도 보이지 않는다고 한다. 그러나 다른 사람들과의 연대감은 춤을 출수록 더 강해질 것이다.

어느 정도 돌고 나면 서서히 시간 감각이 없어지고 마음이 편해진다. 그렇게 계속 하다 보면 내가 존재한다는 느낌이 없어지고 단지 원의 일부로만 자신을 느끼게 된다. 망아경의 세계로 들어가는 것이다. 앞서 보았듯 우리가 종교를 통해 추구하는 것을 자아 초월이라고 할 때 이 춤은 그런 상태를 가져오는 좋은 수단이라고 하겠다. 이렇게 계속해서 수련하면 집중하는 정도가 강해져 아마 어느 순간부터는 일상 속에서도 그런 초월과 평상시 의식을 동시에 지니는 것이 가능해지지 않을까 한다.

세마의 또 다른 장점은 훈련만 잘 된다면 약물의 도움 없이도 비교적 쉽게(?) 망아경의 상태를 경험할 수 있다는 점이다. 보통 사람이 약물을 사용하지 않은 채 그 상태를 체험하기란 매우 어려운 일이다. 명상을 오래하거나 술을 많이 마신다고 해서 쉽게 체험할 수 있는 것도 아니다. 그런데 이 춤을 통해 그 경지에 도달하는 일이 가능하다. 대단하지 않을 수 없다. 물론 그렇게 하기 위해서는 많은 훈련이 필요하겠지만 말이다. 단순한 춤 훈련이 아니라 종교적 수련이어야 하니 이 명상법이 결코 쉬운 방법은 아닐 것이다.

보통 사람들은 클럽과 같은 곳에서 춤을 출 때 이와 비슷한 상태를 경험할 수도 있다. 단순한 리듬으로 반복되는 음악을 들으며 간단한 동작을 몇 시간 동안 하면 그 끝에 '하이'라고 표현되는 상태가 도래

할 수 있다고 한다. 그런 상태가 되면 어떤 느낌을 받을까? 자신을 넘어서 있는 것 같으면서 막연한 쾌감이 전신에 퍼지는 느낌일까? 눈치빠른 독자들은 이 이야기를 들으면 무당을 연상할 것이다. 무당들도 똑같은 목적을 위해 춤을 추기 때문이다. 그들은 망아경을 도출하고자 도약춤과 같은 아주 격렬한 춤을 춘다.

명상은
고정관념을 없앤다

지금까지 다양한 명상법을 살펴보았는데, 명상이 추구하는 목표는 무엇일까? 명상을 통해 무엇을 얻을 수 있을까? 명상법은 무엇보다도 직관적 지혜를 갖게 해준다. 인간에게는 이성적 능력과 직관적 능력이 있는데, 우리는 두 가지 능력을 적절히 혼합해 사용하면서 살아간다. 일상생활을 할 때는 주로 이성을 사용한다. 이성이란 쉽게 말해 나누고 따지는 능력을 말하는데, 따진다는 것은 모든 것을 둘로 나누어 보는 것이다. 이원론에 입각해 세상을 바라본다는 의미다. 생존하기 위해서는 이 능력이 절대적으로 필요하다. 나와 너, 선과 악, 아름다움과 추함 등 모든 것이 구분되어야 나의 삶이 가능하기 때문이다.

　하지만 이성으로는 이원론을 넘어서는 영역을 알 길이 없다. 절대실재나 자아를 초월한 영역은 이원론적 능력으로는 이해할 수 없다. 이 영역은 직관적 능력이 아니고서는 진입할 수 없는 곳이다. 명상의 목적은 그곳으로의 진입, 다시 말해 이성적 능력을 제어하고 직관적 능력을 계발하는 것이다.

이것을 좀 더 풀어 설명해보자. 우리는 대부분 외부 지향적이고 능동적인 자세로 살고 있다. 마음이 바깥으로만 향해 있는 것이다. 그 때문에 항상 모든 것을 분별하려 애쓴다. 앞서 말한 대로 이런 태도로는 조금도 절대 실재에 가까이 갈 수 없다. 그래서 명상은 일차적으로 우리의 의식을 수용적이고 내향적인 것으로 바꾸어준다. 쉽게 말해 내면을 조용하게 만든다는 것이다. 생각을 그치게, 혹은 덜하게 해준다는 것이다.

그렇게 하려면 주위 환경부터 조용하게 만들어야 한다. 가장 좋은 방법은 조용하고 한적한 곳으로 가는 것이다. 명상에 전념할 수 있는 곳은 사찰이나 수도원이다. 그런데 이런 공간은 대부분 도시에서 떨어진 산 속 같은 데 있다. 외부로부터 오는 자극을 가능한 한 줄이기 위해 그렇게 외진 곳에 이런 공간을 만든 것이다. 물론 도심에도 사찰이나 수도원이 있을 수 있으나 그런 곳은 교화를 주목적으로 하는 곳이지 수행을 위한 곳은 아니다. 깨달은 사람들은 혼자 아니면 극소수 동료만 있는 외진 곳에서 그 깨달음을 완성하지 시장 바닥에서 깨달음을 시도하지는 않는다. 시장은 그들이 깨친 다음에 가는 곳이다.

우리에게 너무 익숙한 이원론적 의식 상태를 바꾸기 위해 구체적으로 무엇을 해야 하는가? 앞서 계속해서 말한 대로 집중해야 한다. 집중력이 강해질 때 비로소 평소 지녔던 선입견이나 고정관념이 깨지고 자아 개념이 느슨해진다. 우리는 평상시 수많은 생각에 휩싸여 살고 있는데, 강하게 집중하다 보면 그 생각들이 깨지고 생각을 가능하게 했던 자아라는 개념이 약해진다.

이것은 선불교가 주장하고 있는 것과 정확하게 일치한다. 선사들은 '깨닫기 위해서는 다른 무엇을 할 필요가 없다. 단지 망념妄念만 쉬면 된다'라고 했다. 굳이 망념이라고 할 것 없이 그냥 생각이라고 하면 된다. 그러니까 생각만 내려놓으면, 즉 생각만 하지 않으면 깨달을 수 있다는 것이다. 생각을 놓게 하는 수많은 종류의 명상은 우리에게 강하게 집중할 것을 요구한다. 집중하기가 얼마나 힘든지는 앞서 이미 설명했다.

우리는 외부에서 들어와 내 의식 안에 정착되어 있는 수많은 편견과 선입견에 사로잡힌 상태로 살고 있다. 내 의식 안에 자기 생각은 없다 해도 크게 틀리지 않을 것이다. 사람들은 대부분 자기 것이 아닌 수많은 고정관념에 따라 생각하고 행동한다. 이와 관련해 앞서 검토했던 수피즘에서는 우리의 일상 의식을 '깊은 수면 상태' 혹은 '눈이 먼 상태'로 간주하고 있다. 멀쩡히 깨어 있는 상태로 사는 것 같은데 자고 있다고 하니 놀랍지 않은가? 내 눈으로 모든 것을 보고 있는 것 같은데 눈이 멀었다고 하니 이 말도 이해하기 힘들 것이다.

그러나 이러한 말은 수피즘에서만 나오는 것이 아니다. 우리가 '(일상생활을 하면서) 똥인지 된장인지 구별하지 못하고 살고 있다'라고 주장하는 것은 힌두교도 마찬가지다. 힌두 사상가들도 '모든 인간은 마야, 즉 환영 혹은 착각 속에 살고 있다'라고 주장하기 때문이다. 이것은 무슨 의미일까? 답은 간단하다. 우리는 모두 외부에서 유입되고 자신이 만들어낸 구성 개념constructs 속에서 살고 있다는 뜻이다. 다시 말해 사물을 있는 그대로 보지 못하고 항상 자기가 만들어낸 고정된 관점에서 왜곡해 보고 있다는 것이다.

이와 비슷한 이야기는 러시아 출신의 신비사상가 구제프G. I. Gurdjieff의 가르침에서도 보인다. 그는 자신의 제자들에게 앞서 본 세마를 추게 한 것으로 유명한데, 춤을 추고 있는 제자들에게 갑자기 정지 명령을 내리곤 했다. 그 이유는 뒤에서 볼 것이다. 구제프에 따르면 우리는 주변과 자신 사이에 일종의 완충 장치를 갖고 있다. 이 장치는 앞서 말한 안경과 비슷한데, 이것 때문에 우리는 사물을 있는 그대로 보지 못하고 바깥에서 들어오는 정보를 취사선택해 받아들인다. 조금 강하게 말하면 보고 싶은 것만 보고 듣고 싶은 것만 듣는다는 것이다. 완충 장치를 없애는 일은 매우 어렵다. 자신을 송두리째 바꿔야 하기 때문이다.

그런데 사람들 가운데는 이런 완충 장치를 상대적으로 덜 갖고 있는 사람이 있다. 초등학교 저학년 이하의 어린 아이는 아직 이 장치가 생성되지 않았거나 생성되었더라도 본격적으로는 작동하지 않은 상태라 비교적 사물을 있는 그대로 본다. 그래서 많은 종교 경전에서 어린 아이를 현인이나 도에 비유하는 것이리라. 어린 아이들은 사물에 즉각적으로 반응한다. 선입견이 형성되지 않았으니 그렇게 하는 것이다. 예를 들어 누군가 뒤에서 '왁'하고 소리를 질러 놀라게 하면 어른들은 놀란 나머지 크게 소리를 지른다. 그런데 서너 살밖에 안 된 아이들은 그럴 때 아무 일도 없었던 것처럼 뒤를 돌아보고 아는 체를 할 뿐이다. 어른들이 놀라는 이유는, 뒤에서 아무도 나를 놀라게 하지 않을 것이라는 선입견을 갖고 있는데 갑자기 예기치 않은 일이 생겼기 때문이다. 그에 비해 어린 아이들은 그런 선입견이 없기 때문에 뒤에서 소리가 나면 그저 돌아볼 뿐 크게 놀라지 않는 것이다. 이렇게 어린 아이처럼 사물이나 사건을 대하라는 것이 종교의 높은 가르침인데 어른이 된 다음 이 일을 하기란 결코 쉽지 않다.

명상은
우리를 깨운다

이렇게 설명해도 그 뜻을 잘 이해하지 못할 수 있다. 왜냐하면 나는 분명 주관적 개성을 지니고 살고 있다고 굳게 믿기 때문이다. 그런 내가 잠에 빠져 있다거나 착각 속에 살고 있다 하니 도무지 이해할 수 없는 것이다. 우리의 의식이 온통 다른 사람들의 생각으로 가득 차 있다는 것을 실감나게 보여주는 실험이 있다. 에리히 프롬의 《자유로부터의 도피》에 등장하는 실험인데 지금은 많이 알려져 있고 유사 실험도 많이 이루어졌다.

이 실험은 최면에 관한 것이다. 최면을 걸어 그 상태에 있는 사람에게 '최면이 깬 다음 최면사가 발을 구르면 창문을 열라'라는 암시를 주었다. 최면이 끝나고 이 사람이 방에서 나가려 하자 최면사는 발을 굴렀고 이 사람은 아무 생각 없이 창문을 열었다. 우리의 행동이 다 이런 식이다. 우리가 하는 생각이나 행동은 전부 외부에서 주입된 것인데 정작 자신은 그것을 모르고 제 것이라 여긴다. 다시 말해 맹목적으로 다른 사람(혹은 사회)의 생각만 좇으며 살고 있는데, 스스로를 주관이 뚜렷한 사람으로 아는 것이다.[6]

이처럼 우리 모두는 최면 상태에 있다고 보면 되는데 현대 심리학은 이 상황을 이렇게 표현한다. 우리의 두뇌는 입력을 통제하고 모델을 수립하여 외부 환경에 자동적으로 반응하기 때문에 외부에서 들어오는 수많은 정보 중 특정 정보만 선택해 받아들이게 된다. 이렇게 되면 우리는 점점 자신의 세계에 갇혀 더 이상 발달하지 못한다. 이 스스로 만든 감옥self-made prison은 제거되어야 하는데 그것이 바로 명상의 목적이다. 명상은 외부 정보가 이렇게 입력 처리되는 과정을 일정 기간 정지시켜 일상적 구성 과정을 해체하려는 시도라 할 수 있다.

이 일이 성공하여 일상 의식이 잠시만이라도 붕괴되면 평상시에는 억압되고 무시되었던 '직관적 의식'이 작동하기 시작한다. 이럴 때 이른바 종교적 체험을 하게 되는데 예를 들어 신과 하나가 됐다거나 사물의 본래 모습을 보았다거나 하는 것이 그것이다. 이 체험이 일종의 역치閾値점을 넘어 그 사람의 삶을 송두리째 바꾸게 된다면 그것은 진정한 의미에서 종교적 체험이 되는 것이다.

수행자들이 절실하게 원하는 이러한 의식 양상은 거울에 비유되는 경우가 많다. 거울은 어떤 특정 대상만 골라 비춰주는 게 아니라 모든

---

6 우리가 이렇게 맹목적으로 살고 있고 권력에 약하며 자신과 자신의 역할을 구분하지 못하면서 살고 있다는 것을 증명(?)한 실험이 여럿 있다. 자세한 내용은 졸저 《무의식에서 나를 찾다》(시공사, 2015)에 정리해놓았다.

대상을 공평하게 있는 그대로 비춰주기 때문이다. 그야말로 사물을 있는 그대로 보는 일이 가능해지는 것이다. 반면 보통 사람들은 항상 이미 형성된 고정관념을 가지고 사물을 대한다. 이 고정관념이란 과거에 생긴 것이다. 따라서 이것을 통해 사물을 본다면 우리는 현재 존재하는 사물(의 있는 그대로)의 모습을 볼 수 없다. 나는 지금 여기, 즉 현재에 있는데 과거를 통해 현재를 보니 안 된다는 것이다.

따라서 우리가 해야 할 일은 새로운 인식 체계를 만드는 것이 아니다. 그보다 이미 잘못 형성되어온 과거의 개념들을 걷어내는 일을 해야 한다. 이것을 거두어내는 작업이 명상이라고 했는데 이 일이 그렇게 쉽지는 않다. 아니, 이 일은 우리 삶에서 가장 어려운 일이다. 따라서 과격한 방법을 쓸 필요가 있는데 가장 극적인 방법을 쓴 사람 가운데 한 명이 앞서 거론한 구제프 아닐까 한다. 이미 언급했지만 그는 제자들에게 수피의 회전춤을 추게 해놓고 일정한 시점이 되면 갑자기 정지 명령을 내렸다. 모든 동작을 멈추라는 것이다. 왜 그랬을까? 이것은 우리 의식 속에 형성되어 있는 관습적 의식의 흐름을 아주 강한 방법으로 깨기 위한 시도였을 것이다. 제자들이 춤에 열중해 거기 안주하고 있을 때 갑자기 정지시켜 그들의 의식에 강한 자극을 주는 것이다. 그럼으로써 그들의 의식에 때처럼 들러붙어 있는 고정관념들이 떨어져 나가게 한 것이다. 이렇게 극적인 방법을 쓰지 않으면 고정관념들은 마치 우리의 의식인 양 들러붙어 있어 분리하는 일이 힘들다.

그러나 이런 일은 아무나 할 수 있는 것이 아니다. 경우에 따라서는 엄청난 고통이 수반될 수도 있기 때문이다. 만일 이를 감당할 수 없는 사람이 이러한 수련을 하면 오히려 좋지 않은 역효과가 날 수 있다. 보통 사람들은 아주 작은 고정관념도 바꾸기 힘들다. 그런데 이렇게 전의식을 송두리째 바꾸려 한다면 과거의 의식이 강하게 반발할 것이 분명하다. 잘못 하면 미칠 수도 있다. 그 사람의 의식이 이것을 감내하지 못하면 차라리 미쳐 과거의 자신을 보존하려 할 것이기 때문이다. 실제로 수행을 하다가 미치는 사람도 있다. 또 스승의 이러한 '빡센' 훈련을 견뎌내지 못하고 스승을 떠나는 제자들도 있다.

문제는 또 있다. 사람들 대부분은 과거에 형성된 개념이 없으면 어떤 것도 인식할 수 없다. 그렇지 않은가? 무엇을 인식하려면 과거에 형성된 개념을 가지고 견주어 파악해야 한다. 개념이 없다면 어떤 것도 파악할 수 없다. 예를 들어 과거의 기억이 없으면 현관 비밀번호를 기억할 수 없고, 그러면 일상생활이 불가능해진다. 따라서 과거 개념은 필수적이다. 그런데 명상에서는 과거 개념을 버려야 한다고 주장한다. 이처럼 과거 개념이 있어도 안 되고 없어도 안 되는 것이 인간이 처한 딜레마다.

명상은
에너지를 창조한다

마지막으로 명상을 통해 얻을 수 있는 것에 대해 살펴보겠다. 명상을 통해 우리는 평소 잠자고 있는 신체 에너지를 얻을 수 있다. 이 에너지의 익숙한 이름은 기氣다. 기라는 에너지는 원래 우리 몸에 있는 것인데 앞서 본 것처럼 보통 사람들은 이 에너지가 약하다. 흐름이 원활하지 않기 때문이다. 그러나 조식법이나 태극권 등을 수련하면 기가 원활하게 흐르고 축적이 가능해져 뜻밖의 힘을 얻게 된다. 인도에서는 같은 기운을 '프라냐'라고 하는데 중국인들은 이것을 '반야'라고 번역했다(반야심경의 반야가 바로 이것이다!). 프라냐는 모든 유기체 속에 있는 생명력life force을 의미한다.

이 에너지는 모든 생명체가 갖는 반면, 쿤달리니라는 에너지는 인간만이 가질 수 있다. 보통 사람들에게 쿤달리니는 휴면 상태로 있다고 한다. 이것이 위치한 곳은 엉덩이의 꼬리뼈 밑인데, 이 에너지가 있는 모습을 뱀이 똬리를 틀고 있는 자세에 비유한다. 그 상태로 뱀이 자고 있는 것이다. 뱀이 자고 있듯 이 에너지도 작동하지 않고 있다. 그런데 깨치게 되면 이 에너지가 폭발하게 되는데 그 힘이 엄청나다고 한다. 그 힘이 꼬리뼈에서 척추를 타고 올라가 정수리를 꿰뚫고 위로 뻗친다고 하는데 이런 힘이 생겨야 온갖 신통력, 즉 불교에서 말하는 여섯 가지 신통력을 갖게 되는 모양이다. 유지 크리슈나무르티는 쿤달리니가 터질 때 엄청난 두통에 시달렸다고 한다. 아스피린을 매일 수십 알 복용하는 등 신체적인 고통이 극에 달했던 모양이다.

수피즘에서는 이 에너지를 '바라카'라고 명명했는데 그 뜻은 '축복' 혹은 '감지할 수 없는 은총'이라고 한다. 회전춤 수행을 하다 보면 수행자는 바라카가 활동하기 시작하는 것을 느낄 수 있다. 그리고 이 에너지에 취해 망아경 속에 들어가면 지락至樂의 상태가 되니 이것을 축복 혹은 은총이라 한 것이리라. 구제프는 올바르게 숨 쉬는 것 자체가 힘든 것이라면서 호흡의 역할 가운데 하나는 바로 이 바라카를 몸의 구석구석에 보내는 것이라 주장했다. 이 주장은 단전호흡으로 기가 몸 전체를 흐르도록 하는 방법과 유사한 것 같다.

마지막으로 이러한 에너지를 이해하는 방식에 대한 것인데, 누군가는 그것이 보이지 않으니 존재하지 않는다고 말할 수 있을 것이다. 그러나 보이지 않는다고 해서 존재하지 않는 것은 아니다. 눈에 보이지 않지만 존재하는 것은 생각보다 많다. 기가 흐르는 길인 경락을 예로 들 수 있는데, 이 길은 눈에 보이지 않지만 그렇다고 그 존재를 부정할 수는 없다.

그리고 기라는 글자를 공유하고 있는 전기나 자기도 마찬가지다. 전기나 자기도 보이지 않지만, 우리는 그것의 존재를 오래전부터 알고 있었다. 그러나 우리가 아는 것은 그것을 이용하는 방법뿐이다. 눈에는 보이지 않지만 그 존재와 이용법은 알고 있다는 것인데 이와 같은 상황이 기에도 적용되지 않을까 한다. 사람들은 아직도 기가 무엇인지 확실히 모르지만, 기를 운용하는 방법은 알고 있다. 따라서 기의 존재를 부정할 수는 없을 것이다.

다른 길

이제 헌신의 길과 행위의 길을 살펴볼 차례다. 신앙을 가진 사람들 대부분은 종교적 목적을 달성하기 위해 이 길들을 걷는다. 먼저 헌신의 길을 보면, '헌신'이란 자기 자신을 절대 실재로 간주되는 존재에게 송두리째 바치는 것을 말한다. 불교에서는 신앙을 자력 신앙과 타력 신앙으로 나누는데 헌신의 길은 타력 신앙이라 할 수 있다. 자신을 스스로 구원할 힘이 없다고 고백하면서 전적으로 절대 실재에 매달리는 신앙인 것이다. 헌신의 길에서는 절대 실재를 향해 자신이 가진 모든 것을 바치고 절대 복종해야 한다.

누가 헌신의 길을
가는가?

이 길은 유신론자들 대부분이 가는 길이다. 그렇게 보면 유대교, 기독교, 이슬람교 등과 같은 유신론 종교들이 모두 여기에 포함된다고 하겠다. 이러한 종교들이 숭배의 대상으로 신과 같은 인격적 존재를 상정한 이유는 헌신의 대상으로 삼기 위해서다. 신을 숭배하고 헌신하는 일은 언뜻 보면 쉽게 보인다. 그런데 진정한 숭배가 이루어지려면 자신을 완전히 포기해야 한다. 이게 어디 쉬운 일이겠는가?

이러한 태도를 견지한 신자는 자신은 신의 도구가 되어 오로지 신을 위해서만, 혹은 신의 의지대로만 살겠다고 서약해야 한다. 자신의 에고가 튀어나와서는 안 된다. 과연 이런 일이 가능할까 하는 생각도 드는데 어떻든 헌신의 길은 이렇게 완전한 자아 포기의 길이다.

종교란 자아 초월을 목표로 한다고 했는데, 헌신이라는 체계에서는 이러한 자아 포기의 방식으로 자신을 초월하는 것이다. 지혜의 길이 이지적 방법으로 자아를 초월하려는 시도라면, 헌신의 길은 감성적 방법으로 자신을 포기함으로써 초월을 도모하는 것이다. 이는 바울의 말에 잘 나타나 있다. 그는 나름의 성령 체험을 하고 '이제부터 내 안에는 내가 사는 것이 아니라 그리스도가 산다'라고 말했다. 자신의 에고는 죽고 대신 보편적 자아인 그리스도가 태어난 것이다. 이렇게 거듭남을 천명해야 '내 뜻대로가 아니라 주님 뜻대로 하소서'라는 기도가 진정으로 가능해진다.

이 때문에 기독교나 이슬람교와 같은 유신론 종교를 믿는 사람들은 신을 알려고 하지 않는 편이다. 신에 대한 지식과 신과의 합일을 추구하는 것은 지혜의 길을 가는 사람들이 하는 일이다. 헌신의 길을 가는 사람들은 신을 숭배하고 그에게 기도할 뿐이다. 무엇을 하든 그것을 송두리째 신께 바치는 것이다. 이들이 행하는 예배를 보면 대부분 노래로 신을 찬양한다거나 기도를 올리고 헌금을 바치는 일로 구성되어 있는데 이것들은 모두 신께 드리는 것이다. 특히 기도와 찬송이 중요한 위치를 차지한다.

이러한 모습은 서양의 유신론교에만 있는 것이 아니다. 힌두교도 사정은 마찬가지다. 인도에는 지혜의 길을 가는 소수의 사람을 제외하고 대부분의 힌두교도들은 헌신의 길을 간다. 인도에는 브라만이나 크리슈나, 쉬바, 비쉬누 등 해외에 잘 알려진 신들 외에도 많은 신들이 있는데, 이 신들을 모시고 숭배하는 사원 역시 인도 전역에 즐비하게 깔려 있다. 이들 사원에서 이루어지는 일이 바로 헌신이다. 힌두교도들은 신들의 상 앞에 늘 향을 피우고 꽃을 바치고 노래를 하면서 신을 숭배한다. 이들은 인간이 지닌 능력 가운데 주로 감정에 집중해 신들을 경배한다. 그러니까 이들은 이성적 머리보다는 감정적 가슴으로 신을 섬긴다는 것이다. 헌신의 길은 이렇듯 가슴의 길인 것이다.

이렇게 보면 불교도 헌신의 길이라 할 수 있다. 주지하다시피 불교는 원래 자력 신앙으로 시작했다. 다시 말해 불교는 전형적인 지혜의 길이었다. 비록 스승의 지도를 받고 도반들과 같이 수행하지만 철저하게 독립적으로 엄격하게 수행하는 것이 원칙이었다. 그래야 궁극의 경지에 오를 수 있기 때문이다. 붓다가 초기 승단에서 한 일이 이런 것이었다. 그러나 후대로 내려오면서 불교는 서서히 타력 신앙으로 바뀌어갔다.

물론 엄격하게 수행하는 전통도 전승되었다. 그러나 그것은 극소수에만 해당되는 것이고 대부분의 신도들은 붓다나 보살들을 실재하는 신령으로 생각해 거기다 대고 빌었다. 헌신의 길이 된 것이다. 그래서 지금의 불교는 타력 종교라 할 수 있다. 세계종교 가운데 가장 자력을 중시하던 불교가 타력 신앙으로 바뀐 것은 재미있는 현상이다. 사실 종교에서 가장 흔하게 발견되는 모습은 상 앞에서 비는 것이니 불교가 그렇게 바뀌었다고 해서 이상한 일은 아니다.

불교 종파 가운데 대표적 타력 신앙은 말할 것도 없이 정토종이다. 이 종파에서 말하는 구원은 매우 간단하다. 선불교에서처럼 깨닫는 것이 아니라 죽은 다음 극락으로 가는 것이기 때문이다. 이른바 극락왕생이다. 그런데 극락에 가는 방법이 간단하기 짝이 없다. 어떤 종교를 믿든 믿지 않든 그런 조건과 상관없이 '나무아미타불'을 열 번만 외우면 된다. 그러면 극락으로 가는 차표를 받게 되는데 이것이 가능한 이유는 아미타불에게 그런 능력이 있기 때문이다. 불교도들은 아미타불이 그런 능력을 갖고 있다고 믿는다.

이 종파의 신도들은 깨달음이 어떤 것이고 아미타불이 누구인지 알 필요가 없다. 주문을 외우고 아미타불의 공력에 의지해 정토에 가면 되기 때문이다. 아미타불을 믿고 염불만 열심히 하면 되는 것이다. 그럼으로써 자신을 온전히 아미타불에게 봉헌하는 것이다. 기독교도

들 역시 '예수님의 공로로…' 하는 식으로 기도하지 않는가. 기독교에서 신도들이 구원을 받을 수 있는 것은 전적으로 예수의 능력 덕택이다. 자신들이 할 수 있는 일이라고는 예수를 구세주로 고백하는 일뿐이다. 그 외에는 없다. 오로지 신에게 의지해야 하는 것이다. 두 종교의 신자들이 신앙을 실천하는 내용은 각각 다르지만 그 구조는 똑같다. 20세기 최고의 기독교 신학자 중 한 명인 칼 바르트는 나중에 정토종 공부를 하고 깜짝 놀랐다고 한다. 두 종교의 신앙 구조가 너무 닮았기 때문이다.

이렇게 보면 종교는 달라도 인간의 신앙 구조는 비슷한 것임을 알수 있다. 불교 발달사를 보면 중국이나 일본, 한국과 같은 동북아 국가에서 가장 끈질기게 남은 종파는 정토종뿐이다. 대중은 어려운 교학 불교에 대해서는 그다지 관심이 없다. 그들이 원하는 것은 주문을 외우고 기도를 해서 극락에 가고 집안이 잘 되는 것이다. 정토 불교가 가장 많이 발달한 나라는 일본이다. 일본에서는 정토종이 현재에도 가장 큰 종파이며, 이 종파에서 호넨[法然]이나 신란[親鸞]과 같은 뛰어난 승려들이 많이 나왔다. 이들은 일본을 넘어서는 세계적 사상가로 이름이 높다.

헌신의 길은
결코 쉬운 길이 아니다

종교를 믿는 사람들 대다수가 이 길을 가고는 있지만, 이 길은 결코 쉬운 길이 아니다. 제대로 하기를 원한다면 이 길도 지혜의 길처럼 매우 어려운 길이다. 가장 어려운 점은 이기적 자신을 죽이고 전적으로 신에게 매달려야 한다는 것이다. 또 신을 사랑하는 정도도 연인을 사랑하는 것과는 차원이나 강도強度가 다르다. 신을 위한 일이라면 목숨을 버릴 수 있다는 각오가 있어야 한다. 그런데 우리 주위에서 교회나 절에 다니는 사람 가운데 이런 자세를 갖고 신앙생활을 하는 사람이 얼마나 되는가? 그저 일주일에 한 번 교회에 가서 예배보고 적당히 친교하며 교회가 하라고 하면 봉사 활동을 하는 정도다. 그 정도로는 어림도 없다. 그것으로는 헌신의 길이 궁극적으로 지향하는 목표의 근처에도 갈 수 없다.

그러면 어느 정도가 되어야 종교적 의미에서 진정한 헌신이라 말할수 있을까? 인간이 행하는 모든 헌신이 아름다운 것이지만 종교적 경지까지 가려면 세속적인 모든 것을 넘어서야 한다. 세속에서 가장 귀중한 것이 목숨일진대 수행자들은 종교적 헌신을 위해 종종 목숨이 위태로울 수 있는 일을 한다. 자신이 숭앙하는 신을 실제로 대면하고 싶은 수행자가 있다고 하자. 그럴 경우 자신의 목숨을 바치겠다는 각오로 헌신을 해야 한다. 그렇게 모든 것을 포기해야 신이 현현하지 적당히 해서는 신은 대꾸조차 안 한다.

19세기 인도의 가장 훌륭한 구루였던 라마크리슈나Ramakrishna Paramahansa는 헌신의 길을 가는 구루로 유명했다. 그는 헌신의 정도가 강해 하루에 한 번씩 신과 하나가 되어 트랜스 상태가 되는 '브하바 삼매'에 들었다고 한다. 그가 서 있는 채로 삼매에 빠져 있는 사진은 유명하다. 라마크리슈나는 신 중에서도 힌두교의 대표 여신 칼리를 극히 사모했다. 이 사랑은 연인 사이의 사랑과는 비교도 안 되게 강렬했는데, 그는 칼리를 너무 사랑한 나머지 신의 모습을 보여달라고 떼를 쓰기 시작했다. 떼도 보통 떼가 아니었다. 신에게 나타나달라고 간절히 기도하다 울부짖고 감정이 격해지면 머리를 땅에 마구 박아댔으니 말이다. 그러나 신은 나타나지 않았다. 이렇게 되자 그는 마지막 방법으로 사원 안에 있는 칼로 자살을 하기로 마음먹었다. 자살을 실행에 옮기고자 사원 안에 있는 칼을 잡으려 했을 때 신이한 일이 일어났다. 그 순간 주위 환경이 모두 사라지고 드디어 신이 나타난 것이다. 이때 그는 진정한 트랜스 상태에 들어가 말할 수 없이 큰 환희, 영어로는 'bliss'를 맛보게 된다. 신을 만나는 게 이렇게 힘든 모양이다. 웬만한 정성을 가지고 애원해봐야 안 되는 모양이다.

이와 비슷한 예는 인도의 유명한 개신교 성자 순다르 싱Sadhu Sundar Singh에게서도 발견된다. 이 사람 역시 신을 끔찍이 사랑해 신을 체험하고 싶었던 모양이다. 신을 사랑하는 마음이 강해지니 그 사랑을 확인하고 싶었던 것이다. 그래서 예수에게 자신 앞에 나타나달라고 간절히 기도했다. 물론 예수는 나타나지 않았다. 그러자 그는 자신의 목숨을 내놓기로 했다. 만일 예수가 나타나지 않으면 집 옆을 지나는 기차에 치여 자살하겠다고 통보한 것이다. 기차가 지나가는 시각이 가까워져 그가 집을 나서려는데 이때 찬란한 모습을 한 예수가 나타나 '아들아! 왜 나를 괴롭히느냐?'라고 말을 건넸다고 한다. 드디어 예수를 알현한 것이다. 필자는 이 일이 진짜로 일어났는지 아닌지 모른다. 또 그에게 누가 나타난 것은 사실이라 하더라도 그가 정말 예수였는지 아닌지는 알 수 없다. 영적 세계는 환각이 많아 진위 여부를 판단할 때 아주 조심해야 한다. 어찌 되었든 중요한 것은 수행자가 목숨까지 내놓을 각오를 해야 신과 조우하는 진정한 헌신의 체험이 가능하다는 것이다.

신에 대한 복종과 사랑이라면 자기 이름의 수도회를 만든 가톨릭의 성자 프란체스코Francesco d'Assisi를 빼놓을 수 없다. 그는 일생을 기도와 묵상, 청빈으로 보낸 사람인데 그 역시 예수를 지극히 사랑했다. 너무 사랑한 나머지 그의 몸에는 다섯 개의 성흔이 생겼다. 성흔이란 잘 알려진 것처럼 예수가 십자가에 매달렸을 때 생긴 상처로 손과 발, 옆구리 등 다섯 군데 생긴 상처를 말한다. 사람이 어떤 사람을 지극히 사랑하면 그 사람의 모든 것이 복제되어 마음과 몸이 하나처럼 되는 일이 발생할 수 있다. 예를 들어 어머니가 자신의 아기를 너무 사랑하면 그 아기와 하나 되는 체험을 할 수 있다. 그래서 아기가 아프면 어머니 역시 같은 증상으로 아파한다. 프란체스코도 예수에 대한 사랑의 강도가 강해 예수의 성흔이 그의 몸에 나타난 것으로 보인다. 프란체스코가 목숨을 내놓는 일을 한 것은 아니지만 헌신의 강도로 따지면 앞의 예들에 버금갈 것으로 생각된다.

이러한 예를 통해 보면 헌신의 길에서 요구되는 자기 포기가 지극히 어렵다는 것을 알 수 있다. 그런데 사람들은 자기 포기는커녕 신과 흥정을 하는가 하면 심지어 신을 으르는 일도 한다. 예를 들어 위험한 사고를 당했을 때 '하느님이 여기서 나를 살려주신다면 교회에 잘 나가겠다'라는 식의 발언을 종종 한다. 이것은 신과 흥정을 하는 것으로 헌신의 길을 갈 때 가장 해서는 안 되는 일이다. 그런데 유신론교 신자들은 신앙생활을 할 때 이런 일을 가장 많이 한다. 신에게는 만약이라는 가정법을 써서는 안 되며, 무조건 복종해야 한다. 그리하면 그 문제 많은 에고가 사라지지는 않더라도 힘을 못 쓰게 만들 수는 있다. 물론 이럴 때 신의 뜻을 정확히 알아내는 일이 필요하다. 무조건 복종하는데 잘못된 명을 따라서는 안 되기 때문이다.

예수는 '겉옷을 달라는 사람이 있으면 속옷까지 주고 오 리를 가자는 사람이 있으면 십 리를 가주라'라고 말했다. 이것은 자기를 완전히 포기하라는 명령과 같은 것이다. 예수의 이러한 요구에 우리는 이렇게 반문할 것이다. 누가 겉옷을 달라고 하면 그것은 줄 수 있다. 그러나 속옷은 곤란하다. 속옷까지 주면 나는 어쩌란 말인가? 이것은 완전한 헌신의 길을 가는 모습이 아니다. 이 길을 진정으로 가고 싶은 사람은 그 뒤의 일은 신께 맡기고 모든 것을 내주어야 한다. 신이 모든 것을 해결해준다는 굳은 믿음이 있다면 말이다.

헌신은 하되
이성적으로 해야

신을 굳게 믿는 것은 좋은데 그 믿음이 맹목적이어서는 안 된다. 모든 것을 신께 맡기되 상황 판단을 할 수 있는 지성을 갖고 있어야 한다. 그렇지 않으면 큰 낭패를 볼 수 있다. 이에 대해서는 재미있는 이야기가 있다. 힌두교 교리에 따르면 모든 것이 브라만이다. 이것은 당연하다. 브라만 이외의 다른 것이 있으면 그 브라만은 전체가 될 수 없기 때문이다. 이 교리를 철석같이 믿고 있는 어떤 사람이 길을 가고 있는데 코끼리가 갑자기 그에게 달려오기 시작했다. 그러나 그 사람은 나름의 믿음이 있어서 태평이었다. 모든 것이 브라만인데 설마 저 코끼리가 나를 덮치겠는가 하고 말이다. 브라만이 알아서 조치를 해주겠지 하면서 버텼다. 이 사람은 브라만 앞에 자신을 다 놓고 모든 것을 맡긴 것이다. 사실 헌신의 길을 가는 사람에게 이 자세가 틀린 것은 아니다.

그러나 불행하게도 그 사람의 예측은 여지없이 빗나가 그는 코끼리에 받히고 말았다. 심각하게 다친 이 사람에게 다른 사람들이 몰려왔다. 사람들이 그에게 "코끼리가 달려오는데 왜 피하지 않았느냐"라고 묻자 그는 "모든 게 브라만이라고 철석같이 믿고 브라만이 다 알아서 해줄 것으로 기대했는데 왜 나에게 이런 일이 생기느냐"라며 분개했다. 그러자 어떤 사람이 "그 말이 틀린 것은 아니지만 코끼리 위에 탄 사람이 어서 비키라고 한 말은 왜 듣지 않았느냐"라고 되물었다. 이 사람의 논리는 코끼리만 브라만이 아니라 그 등에 탄 사람도 브라만이며, 그 사람이 "비키라" 하고 외친 것도 브라만의 말인데 그 말은 왜 무시했느냐는 것이다. 이 질문에 다친 사람이 어떻게 답을 했는지는 모르지만 이 비유는 정곡을 찌른 절묘한 비유라고 생각한다.

이런 일은 한국에서도 있었다. 어떤 아이가 배에 물이 차는 심각한 질병에 걸렸다. 아이의 엄마가 자신이 다니는 교회의 목사에게 상의

했더니 목사는 '하나님'이 다 고쳐주시니 의사한테 갈 필요가 없다고 했다. 자신의 기도로 충분하다고 하면서 말이다. 이 엄마는 맹목적 신앙의 소유자라 목사의 말만 믿고 딸을 병원에 데려가지 않았다. 병원에 가면 쉽게 고칠 수 있는 병이었는데 아이의 엄마는 주위의 수많은 비난에도 불구하고 딸을 목사에게만 맡겼다. 딸은 결국 죽었고, 사건은 〈그것이 알고 싶다〉에 방영되었다. 이 엄마는 신이 목사가 아니라 의사를 통해서도 현현할 수 있는 것인데 그 가능성은 인정하지 않았다. 지성이 뒷받침해주지 않으면 이런 일이 일어난다.

헌신의 길은 이렇듯 가기 쉬운 길처럼 보이지만 제대로 가려면 순탄치 않다는 것을 알 수 있다. 그래도 가장 많은 사람들이 가는 길인데 이런 식의 신앙을 가진 사람들이 주의해야 할 일이 있다. 자신의 신앙을 도그마화 하지 말라는 것이다. 예를 들어 기독교를 신앙하는 사람들이 주장하는 '예수만이 유일한 구세주다'라든가 '예수를 믿지 않으면 지옥에 간다'라는 식의 일차원적 신앙은 피하자는 것이다. 헌신의 길을 갈 때도 우리는 주도면밀하게 이성을 활용해 따질 것은 따지면서 가야 한다. 그리고 가장 보편에 가까운 결정을 해야 한다.

행위의 길은
어떤 길인가?

행위의 길에 나오는 '행위'는 산스크리트어로 '카르마'라고 한다. 이 단어의 어원은 '크르ki'인데 '(무엇을) 하다'라는 의미다. 이 길은 종교적 세계에서 자주 거론되지는 않는다. 종교는 앞서 본 것처럼 지혜를 닦거나 자신을 헌신하는 것과 연관이 깊지 어떤 일정한 행위를 함으로써 심오한 종교의 세계로 들어가는 일은 흔하지 않기 때문이다. 그러나 지혜나 헌신의 길이 적성에 맞지 않는 사람이 있다. 가만히 앉아서 명상하는 것보다, 또 엎드려 기도하는 것보다 몸으로 직접 행동하는 것을 좋아하는 사람은 그 길들을 택하기 힘들다. 그런 사람들에게는 행위의 길이 적합할 것이다.

이 길을 가는 사람은 어떤 행위를 하든 상관없다. 여기서 문제는 외적 행위가 아니라 내적 동기다. 행위의 길에서는 이기적 동기가 들어가면 안 된다는 것이 가장 중요하다. 앞서 종교의 본령이 무엇이라고 했던가? 자아중심적 사고의 극복이라고 하지 않았는가? 따라서 행위의 길을 갈 때도 이 원칙이 지켜져야 한다. 어떤 사람이 자기의 이익을 위해 어떤 일을 한다면 그것은 이 길과 아무 관련이 없다. 그것은 지극히 세속적이라 종교와는 상관이 없는 것이다. 어떤 사람이 종교적 일을 한다고는 하지만 그것이 이기적 목적과 관계 된다면 그것 역시 진정한 의미에서 행위의 길이 될 수 없다. 예를 들어 누군가 목회를 하는데 자신의 호의호식을 위해 그 일을 한다면 그것은 행위의 길과 아무 관계가 없는 것이다.

행위의 길을 가는 사람들 중에는 사회를 위해 일하는 봉사자들이 많다. 자신이 아니라 남을 위해 사회사업을 하는 사람들 말이다. 그들은 자신이 아니라 다른 사람을 위해 일을 하기 때문에 행위의 길을 간다고 할 수 있다. 그 일을 통해 낮은 수준에서라도 자아가 초월되는 체험을 하기 때문에 그렇게 말할 수 있다. 또 비슷한 예로 혁명가 혹은 사회운동가도 이에 속한다고 하겠다. 그러나 이때도 이들의 의도가 순수해야 한다. 사회를 개혁하겠다는 의도가 순수해야지, 돈이나 지위 혹은 명예를 위해 그 일을 한다면 행위의 길을 걷는 것이 아니다. 그런데 사회운동을 하는 사람들 중에는 자기 이익을 위해 일하는 사람들이 의외로 많다.

그런가 하면 어떤 사람은 자신의 성격이 지닌 모순들을 사회에 투사해놓고 모든 나쁜 것은 사회에서 비롯되었다고 하면서 사회운동을 한다. 이런 사람도 진정한 행위의 길을 가는 사람이 아니다. 자신은 의식하지 못할지 모르지만 그 의도가 순수하지 못하기 때문이다. 진정으로 행위의 길을 가는 사람들은 그 일을 통해 영적으로 진보하게 되는데 위의 부류 사람들은 전혀 그런 효과를 보지 못한다.

이렇게 보면 이 길을 갈 때도 상당한 지성이 필요한 것을 알 수 있다. 그 이유는, 이런 사람들은 자신이 주도한 행위를 하면서 계속해서 자신의 내면을 점검하고 자신이 사적인 욕망을 넘어서서 진정한 행위의 길을 가고 있는지를 판단해야 하기 때문이다. 어떤 길을 가든 지성적 판단이 반드시 필요한 것이다.

행위의 길을 제대로 간 사람을 찾아보면, 김구 선생이 비교적 적합하지 않나 하는 생각이 든다. 그는 개인적 안위에는 별 관심이 없었고 오로지 한국의 독립에 대해서만 관심이 있었기 때문이다. 그래서 자신의 소원은 첫째도, 둘째도, 셋째도 독립이며, 다시 태어나도 똑같은 일을 하겠다고 힘주어 말했다. 이러한 태도는 궁극적 관심과 같은 종교적 문제에 함몰되어 자신의 편안함이나 이익에 전혀 관심이 없는 수행자들과 비슷하다고 할 수 있다. 해방 뒤 노회老獪한 정치가였던 이승만과 달리 김구는 순수한 마음을 갖고 갈라진 남북을 다시 합치려 무진 애를 썼다. 당시 남북을 통일하는 것은 정치적으로 불가능했다. 그럼에도 불구하고 그런 일을 감행했다는 사실은 그가 얼마나 사심 없는 인물이었는지를 보여준다.

행위의 길에는
여러 갈래가 있다

종교인이면서 사회사업가로 명망 있는 사람으로는 인도 빈민가에서 봉사활동을 한 테레사 수녀를 들 수 있을 것이다. 그에 대한 뒷이야기도 있지만 일단 그는 행위의 길을 간 것으로 볼 수 있다. 적극적으로 빈자와 환자를 돕기 위해 사회의 바닥으로 내려갔기 때문이다. 그는 동시에 수녀회에 속한 수도자였다. 이것은 그가 헌신의 길도 같이 갔다는 것을 의미한다. 따라서 그는 행위의 길과 헌신의 길을 더불어 간 셈이 된다. 종교인들 중에는 테레사 수녀처럼 두 길을 동시에 가는 사람들이 적지 않다.

그런가 하면 한 사람의 심리의 외면과 내면이 다른 경향을 띠는 경우도 있다. 예를 들어 외면적으로는 지혜의 길을 가는 것처럼 보이지만 내면에서는 헌신의 길을 가는 경우가 그것이다. 또 이 길을 동시에 추구할 수도 있다. 가령 어떤 승려가 참선을 하면서 관음기도도 같이 한다면 두 가지 길을 동시에 밟고 있다고 할 수 있을 것이다.

여기서 중요한 것은 이러한 행위를 할 때 앞서 언급한 것처럼 이기적 동기가 들어가서는 안 된다는 것이다. 이에 대해 고등종교들은 적절한 가르침을 남기고 있다. 불교에서는 남에게 베푸는 보시를 대단히 중요하게 생각한다. 특히 대승 불교가 그렇다. 대승 불교가 가장 중요하게 생각하는 인간상인 보살은 바로 이 보시의 화신이다. 그런데 보시에도 법도가 있다. 물론 극히 이상적이긴 하지만 가장 좋은 보시는 '주는 사람도 없고 받는 사람도 없고 단지 주는 행위만 있는' 보시다. 준다고 생색 내지 말고 받는다고 의식하지 말라는 것이다. 이것은 이 세상에서는 거의 있을 수 없는 일이지만 어떻든 이렇게 해야 진짜 보시가 된다. 비슷한 말씀은 기독교에도 있다. 그 유명한 '왼손이 하는 일을 오른손이 모르게 하라'가 그것이다. 여기서도 이기적 생각을 철저하게 배제하고 선행을 하라는 것이다. 그래야 진정한 '줌'이 되고 그러한 행위는 주는 자와 받는 자의 영성을 높여준다.

다음으로는 비록 진정한 의미에서 행위의 길이라 할 수는 없지만 그 내면의 내용이 상당히 행위의 길에 가까운 경우를 보았으면 한다. 세속적인 일을 하는데 그 실질적 내용이 종교적으로 보이는 일이 그것이다. 이때 중요한 것은 그 사람이 그 일을 할 때 그 일 자체가 목적이어야지 수단이 되어서는 안 된다는 것이다. 예를 들어 한국에서 바둑을 제일 잘 둔다는 이세돌과 같은 이는 바둑 두는 것 자체가 목적이지 돈을 버는 것이 목적은 아닐 것이다. 그는 인생의 모든 것을 바둑에만 집중한다. 자나 깨나 바둑 생각만 한다. 집중도가 높은 것이다. 이렇게 바둑을 하면 그는 바둑을 통해 인생의 많은 것을 배우고 그 나름의 종교적 경지에 올라갈 수 있다.

이에 가장 잘 어울리는 예는 《장자》에서 발견할 수 있다. 이 책에는 기술로 도의 경지에 올라간 사람들의 이야기가 드물지 않게 나온다. 그 중 하나가 소를 잡는 '포정'이라는 사람의 이야기다. 그는 소의 살을 바르는 것으로 도의 경지에 올라간 사람이다. 살과 뼈의 틈새를 정확히 파악해 살을 발라내기 때문에 무리가 전혀 없다. 그가 이런 경지에 하루아침에 올라간 것은 아니다. 포정이 실토하기를, 처음에는 소를 눈으로 보았는데 수년이 지나고부터는 정신으로만 대해 아주 자연스러운 동작이 나올 수 있었다고 한다. 하나의 일에 정통하면 이처럼 어느 정도는 절대 혹은 초월의 경지에 갈 수 있다.

그런데 여기서 또 놓치면 안 되는 것은 이렇게 하나의 일에 정통한다고 해서 그 사람이 윤리적으로 완성된 사람이 되지는 않는다는 것이다. 바둑을 잘 두더라도 성품이 악한 사람이 얼마든지 있을 수 있다. 그에 비해 종교적 행위의 길을 가는 사람은 반드시 윤리적으로도 선해야 하며, 어느 정도 영적인 자각도 있어야 한다. 그렇지 않다면 그것은 진정한 행위의 길이 아니다.

수행에 관한
작은 정리

이렇게 해서 지혜의 길, 헌신의 길, 행위의 길을 모두 살펴보았다. 다시 한번 강조하지만 세 가지 길은 서로 배타적이지 않다. 수행자가 세 길을 모두 밟을 수도 있고 한 가지 길만 갈 수도 있다. 그런데 어떤 선택을 하든 자신의 성향에 맞는 하나의 길에 편중해 그 길을 가게 될 것이다. 독자들도 자신에게 맞는 길이 어떤 것인지 가늠해보면 좋겠다. 이러한 길을 가다 보면 언젠가는 종교에서 말하는 궁극의 경지에 도달할 수 있다. 이때 말하는 언제라는 것은 이번 생에 국한된 것이 아니다. 우리 대부분은 이번 생에서는 이런 경지에 도달할 수 없다. 너무 멀고 험하기 때문이다. 그래도 기회는 여전히 있다. 이승이든 저승이든 기회는 계속해서 주어진다.

세 가지 길 중 하나를 택해 수행하다가 종교 체험을 했을 때, 그 체험이 내가 획득한 것이 아니라 저쪽에서 온 것이라는 점을 잊어서는 안 된다. 내가 수행을 해서 신과 만났다든가 깨달음을 얻었다든가 하는 것은 진정한 의미에서 절대 실재의 상태가 아니라고 앞서 누누이 말했다. 그것은 또 하나의 상태에 불과한 것이라 언젠가는 사라진다. 신이든 깨달음이든 절대 실재는 때가 됐을 때 아무 예고 없이 나타난다. 다시 말해 철저하게 저쪽에서 온다는 것이다.

그렇기 때문에 우리는 항상 수용적 자세를 하고 있어야 한다. 언제나 깨어 있어야 한다는 뜻이다. 우리는 대부분 잠든 상태로 일상을 살아가고 있으며, 그 사실을 알지 못한 채 세월을 보낸다. 이제 눈을 뜰 때다. 깨어 있으면 저쪽 세계는 반드시 응답하는데 그것이 언제가 될지는 어느 누구도 모를 일이다.

닫는 글

이렇게 해서 영원철학을 통해 궁극적 진리를 탐구한 우리의 긴 시도가 끝이 났다. 여기서 시도라고 한 것은 이 책의 내용을 다 알았다고 해서 진리를 깨우쳤다는 것을 의미하지는 않기 때문이다. 영원철학의 핵심을 이해했다면 그것은 종교철학적 진리가 무엇인지를 머리로만 이해한 것이다. 이성적으로만 이해했다는 것이다. 그런데 진리를 깨우치기 위해서는 반드시 몸으로 수행을 해야 한다. 기도를 하든 명상을 하든 몸으로 닦아야 한다는 것이다. 그래서 어떤 형태로든 종교적 체험을 해야 한다. 그렇지 않고 머리로 아는 것에 그친다면 그것은 진정한 의미에서 생의 진리를 깨달았다고 할 수 없다.

이 책은 일종의 레시피일 뿐이다. 세상에서 가장 특별한 파스타를 요리하는 방법을 알려주는 안내서인 것이다. 반죽하고 익히고 소스를 만들고 버무리는 작업은 머리로만 이해해서 될 일이 아니다. 직접 요리해봐야 한다. 그래야 파스타를 만들 수 있다. 맛이 있든 없든 시도해 보는 것이 중요하다. 비유를 하나 더 들자면, 이 책은 지도와 같다. 어딘가를 가려고 할 때 우리는 그 가는 길을 알기 위해 먼저 지도를 본다. 그런데 만일 지도만 보고 머릿속으로 그 길을 대충 이해하는 데 그친다면, 즉 직접 길을 나서지 않는다면 결코 목적지에 이를 수 없을 것이다. 그런 사람에게는 지도를 살펴본 것이 별 의미가 없는 일이 될 것이다.

이 책을 읽기만 하고 본문에서 제시한 방법들을 실행하지 않는다면, 삶의 고통과 인간의 굴레를 결코 벗어던질 수 없을 것이다. 여전히 실상을 보지 못한 채 자의식에 얽매여 지난한 삶을 살아야 하는 것이다. 본문에서 말했듯 사람들 대부분은 자의식이라는 인간 의식의 두 번째 진화 단계에서 '지지고 볶다가' 생을 마감한다. 이 단계에 머무르지 않고 도약하려면 용기가 필요하다. 수행의 방법들을 실행할 수 있는 용기 말이다. 우리는 용기를 내 생의 진리에 다가가야 한다. 자의식에서 자유로운 삶, 그 모든 것을 초월한 경지, 인간 의식의 세 번째 단계로 도약해야 한다.

초월의 경지를 체험하고 싶은 사람은 어떤 형태로든 수행의 길을 걸어보아야 한다. 그렇지 않고서는 어떤 것도 얻을 수 없다. 이것은 일반 철학의 경우와 다르다. 철학에서 중요한 것은 사유다. 쉽게 말해 철학은 생각하는 것만으로 그 기능을 다할 수 있다. 하지만 이 책에서 다룬 영원철학 혹은 종교철학에서는 정교한 사유만큼이나 실천이 중요하다. 몸으로 하는 수행 역시 이 철학의 중요한 부분인 것이다. 자기에게 맞는 길을 찾아 실행에 옮길 때 이 책은 가이드 같은 역할을 할 것이다. 수행의 길을 제대로 걷고 있는지 확인하고 싶을 때, 또 수행 중 겪는 체험의 의미를 해석하고 싶을 때 도움을 줄 것이다.

그러는 과정에서 우리는 더 근본적인 질문을 할지 모른다. 과연 이 책이나 고등종교가 제시하는 대로 수행을 한다면 신과 만나는 체험이나 깨달음을 정말로 얻을 수 있을까? 깨달음이라는 것이 존재하기는 할까? 여기에 더해 이 책의 주장이 정말 사실인 것인지에 관해 의문이 제기될 수도 있다. 만약 그러한 의문이 든다면 그것은 매우 바람직한 일이다. 우리가 아는 모든 지식을 뒤집어보는 것은 매우 필요한 일이기 때문이다.

이 문제에 대한 답이 무엇이든 간에 철학 파스타에서 중요한 것은 파스타를 직접 만들어보는 일이다. 수행의 과정을 밟아보라는 것이다. 마음을 먹고 시간을 내는 등 요리를 시도하기까지 준비를 하는 게 어렵지, 일단 준비가 된다면 평범한 사람들도 파스타를 만들어볼 수는 있을 것이다. 이미 요리를 시도해본 사람이라면 이 책을 통해 파스타 요리에 영원철학의 풍미를 더해보기를, 그리하여 새로운 인생의 맛을 제대로 느껴보기를 바란다.